Roland Breitenbach

Heute ist der Tag

Roland Breitenbach

Heute ist der Tag

Begegnungen mit Jesus

Reimund Maier Verlag, Schweinfurt

Die Deutsche Bibliothek – CIP-Einheitsaufnahme

Breitenbach, Roland
Heute ist der Tag : Begegnungen mit Jesus / Roland Breitenbach. – 3. Aufl. – Schweinfurt : Maier, 2001

ISBN 3-926300-29-9

3. Auflage, 2001

- *1. Auflage, 1994 (Gebunden, ISBN 3-926300-14-0)*
- *2. Auflage, 1998 (Broschur, ISBN 3-926300-29-9)*

Layout, Satz und Gestaltung: Reimund Maier Verlag, Schweinfurt
Umschlaggestaltung: Bernhard Eckstein, Würzburg

Druck: Fa. Weppert GmbH & Co. KG, Schweinfurt

ISBN 3-926300-29-9

Inhalt

Vorwort

Die „Begegnungen mit Jesus“ gehen in die 2. Auflage. Darüber bin ich besonders froh, weil mir diese Erfahrungen mit dem Mann der Frohen Botschaft besonders lieb geworden sind. Neben dem Zukunftsroman „Der kleine Bischof“ haben diese Geschichten die meisten Reaktionen ausgelöst. Viele Leserinnen und Leser bekamen den Mut, von ähnlichen Erfahrungen zu berichten, die ihnen besonders an kritischen Punkten ihres Lebens weitergeholfen hatten. Es geht in diesen Geschichten keineswegs um jene Art von „Privatoffenbarungen“, die auf dem religiösen Markt so reichlich feilgeboten werden und suchende und unsichere Menschen, oft durch Angst, in eine bestimmte Glaubensrichtung drängen wollen. Dem „nur so geht es“ dieser Gruppen, setzen unsere Geschichten ein „das gibt es auch“ entgegen.

Jesus-Erfahrungen bleiben in einer Kirche solange eine Seltenheit, solange das Leben durch die Lehre blockiert wird. Jesus hat sich schon vor 2000 Jahren nicht in ein Schema zwingen lassen. Er hat sich den verhärteten Strukturen seiner Zeit nicht unterworfen. Obwohl er daran zerbrochen ist, hat er Steine und Verkrustungen aufgebrochen, dass ein „Leben in Fülle“ wieder möglich wurde. Er ist den Menschen

dort begegnet, wo sie ihn brauchten; er ist zu ihnen auf Augenhöhe gegangen.
Beim Blick in die Geschichte sehen wir viele Menschen, die für Jesus und sein Evangelium offen waren. Darunter sind bekannte Namen. Viel größer aber dürfte die Zahl derer sein, die ihre persönliche Jesus-Begegnung wie einen wertvollen Schatz hüteten, fortan aber ganz offen waren, die Nachfolge in ihrem Leben konsequent zu verwirklichen. Das gilt bis zum heutigen Tag.

Ich wünsche allen, die zu diesem Buch greifen, offene Hände und ein offenes Herz, um Begegnungen der „Evangelischen Art“ in ihrem Leben zuzulassen und sich durch die neue Sicht wandeln zu lassen. Wem dieses geschenkt wird, für den gilt: „Heute ist der Tag“.

Erste Begegnungen

So erstaunlich und überraschend es für manche Zeitgenossen erscheinen mag: Jesus ist mitten unter uns. Er ist mehr als eine Persönlichkeit der Geschichte. Er lebt. Viele Menschen sind ihm in den letzten Wochen und Monaten begegnet. Viele haben mit ihm gesprochen. Viele haben ihm, manchmal in aussichtslosen Situationen, ihre Nöte und Ängste anvertrauen können und fühlten sich schon dadurch erleichtert und irgendwie erlöst. Es gab ganz alltägliche Begegnungen auf der Straße, in der Disco, im Krankenhaus, auf dem Sportplatz, im Einkaufsmarkt, im Altersheim, auf dem Friedhof, in der Schule. Andere berichteten, sie seien ihm buchstäblich in die Hände gelaufen, so als hätte er schon lange auf eine Begegnung mit ihnen gewartet. In Wirklichkeit waren sie es, die ihn im letzten Winkel ihrer Seele erwartet hatten. Das alles erkannten sie aber erst eindeutig, wenn sie den Mut hatten, von der Begegnung mit Jesus zu erzählen. Es war dann wie eine Frohe Botschaft, die von Haus zu Haus lief und den Menschen, die sie hörten, neue Hoffnung schenkte und Mut machte.

Immer hatten die Menschen bald das sichere Gefühl: Es musste wirklich Jesus selber gewesen sein, dem sie begegnet waren und mit dem sie gesprochen hatten. Er hatte ihnen aufmerksam zugehört, ihnen einen überraschenden Rat gegeben, sie zärtlich in die Arme genommen, getröstet, erleichtert und letztlich immer froh gemacht. Er wusste offenbar Ereignisse aus ihrem Leben, die sie verdrängt hatten oder nicht wahrhaben wollten. Er brachte im Gespräch ihr Leben auf jenen Punkt, von dem aus sie auf neue Weise weitergehen konnten. Erstaunlich war nur, dass es nicht nur alte Menschen waren, die mit ihm zusammentrafen und die dadurch den Sinn ihres Lebens erkennen konnten. Auch junge Leute spürten, wenn sie Jesus trafen, was sie falsch gemacht hatten; sie fühlten sich in ihren Träumen bestärkt, konnten endlich wichtige Entscheidungen treffen, fassten neuen Mut, nahmen das Heute ernst und gelassen zugleich an. Aus der Begegnung mit ihm kam jeder als ein anderer Mensch heraus. Diese Wandlung und Neubesinnung bemerkten auch alle, die mit den Betroffenen zusammentrafen.

Angefangen hatte es in einer Stadt am Main. Bald sprachen alle ihre Einwohner von Jesus. Selbstverständlich waren die Reporter, Fotografen und Kamerateams rastlos unterwegs, um ihn zu treffen und mit ihm zu sprechen. Aber da er keinen festen Wohnsitz hatte und es sehr unterschiedliche, manchmal sogar widersprüchliche Personenbeschreibungen von ihm gab, fanden sie ihn nicht. Also kein Interview, keine Reportage, keine Talkshow. Es war eigenartig, wer ihn dringend nötig hatte, der fand ihn; wer ihn gewaltsam suchte, der bekam ihn nicht zu Gesicht.
Fast an jedem Tag wusste einer in seiner Familie, in der Bude, an der Kneipentheke von der Begegnung mit Jesus zu berichten. Anfangs getrauten sich nur Mädchen und Frauen von ihm zu erzählen, dann aber, immer öfter, offenbarten sich auch Männer, als sie ihre typische religiöse Scheu überwunden hatten. Sie alle erklärten übereinstimmend, ER habe ihrem Leben einen neuen Anstoß gegeben und es verändert. So hielt sich in der ganzen Stadt hartnäckig die Behauptung, Jesus sei wiedergekommen und lebe mitten unter den Bürgern. Als die Menschen sich öffneten, wurden Begegnungen mit ihm auch aus anderen Städten, aus dem ganzen Land und bei vielen Gelegenheiten berichtet. Die grundsätzliche Veränderung war jedoch die, dass die Menschen wieder miteinander über die Fragen ihres Lebens dis-

kutierten. Weil sie mehr und intensiver miteinander redeten, erfuhren sie voneinander mehr und konnten sich viel besser verstehen. So vollzog sich eine grundsätzliche Wandlung.

Denn je mehr Menschen an die Begegnung mit Jesus glaubten und ihre persönlichen Erfahrungen und Wandlungen unter dem Eindruck der Frohen Botschaft weitererzählten, desto spürbarer veränderte sich beispielsweise das Klima in der Stadt, in der alles angefangen hatte. Die Polizei registrierte es zuerst. Ihr Sprecher wollte es anfangs selber nicht wahrhaben. Doch die monatliche Kriminalstatistik bewies einer staunenden Öffentlichkeit: Es gab weniger Ladendiebstähle und kaum noch Fahrerflucht nach Unfällen; die Zahlen von Alkoholdelikten und Körperverletzungen gingen deutlich zurück. Zivilprozesse wurden kaum noch angestrengt. Die Leute ließen öfter ihr Auto stehen und fuhren insgesamt rücksichtsvoller. Die Menschen waren zueinander ganz einfach freundlicher, oder, wie es eine Zeitung beschrieb, menschlicher geworden. Eine eindeutige Erklärung für diesen Umschwung konnte von den Fachleuten nicht gefunden werden. Doch die einfachen Menschen wussten, warum.

Das veränderte Klima in Stadt und Land spürten auch die Ausländer und Asylanten, die Menschen in den Krankenhäusern, den Altersheimen, sogar in den Kindergärten. Die Wirkung blieb in den Schulen nicht aus; vor allem in den Hauptschulen ging die Gewalt gegen Mitschüler und Sachen drastisch zurück. Eilig wurden pädagogische und sozialpolitische Arbeitskreise gebildet; sie sollten die neuen Erfahrungen im ganzen Land miteinander vergleichen. Die Ergebnisse waren so überraschend, dass das Interesse der Landes- und Bundespolitiker geweckt wurde. Es wurden Kommissionen eingerichtet; ein Hearing fand statt, an dem alle einflussreichen Persönlichkeiten teilnahmen. Da aber fast keiner dieser Fachleute persönliche Jesus-Erfahrung hatte, bestand das Ergebnis des Austauschs unter Experten lediglich in einer unerklärbaren Auflistung all jener Besonderheiten, die offensichtlich für das neue Klima in Stadt und Land verantwortlich waren.

Lediglich der am Hearing teilnehmende katholische Kardinal beklagte, die Zahl der Sonntagsgottesdienstbesucher sei bislang keineswegs gestiegen; die Kirchenaustritte stagnierten zwar, allerdings auf hohem Niveau. Er deutete deswegen die angeblichen Begegnungen mit Jesus als eine besonders ärgerliche Hysterie, ausgelöst durch ein allgemeines religiöses Defizit. Die Kirche betrachte die ganze Entwicklung nicht ohne Sorge, jedenfalls, so der kirchliche Würdenträger, mit größter Zurückhaltung: Wann Jesus wiederkomme und wie Jesus wiederkomme, das lasse sich der Bibel entnehmen und gehe bestimmt nicht an der Kirche vorbei. Leider hörte der Kardinal nicht mehr den Einwand des Gesprächsleiters, da die Mikrofone zu diesem Zeitpunkt schon abgeschaltet waren: „Wo zwei oder drei in meinem Namen beisammen sind, da bin ich mitten unter ihnen“ (Mt 18,20).

In den folgenden 19 Kapiteln habe ich Berichte und Erfahrungen dokumentiert, die von den Betroffenen später als Begegnungen mit Jesus bezeichnet wurden und ihr Leben verändert hatten. Ich kann dafür keine Garantie übernehmen, halte aber die kurzen Dokumentationen für sehr bemerkenswerte Beispiele dafür, wie sich diese Begegnungen ereigneten. Für weitere Erfahrungsberichte und Ergänzungen bin ich sehr dankbar.

Roland Breitenbach

„Vorüber die Autobusse,
in Eile,
ohne Halt,
mit der Aufschrift,
die ich niemals verwenden darf:
BESETZT.“

Dom Helder Camara

Eines Tages kam einer

Es begann alles am Heiligen Abend 1994. Das ergaben die intensiven Nachforschungen, die dann einsetzten, als von ganz unterschiedlichen Menschen mehr und mehr Erlebnisse berichtet wurden, Jesus sei in der Stadt gesehen worden. Sie hätten mit ihm gesprochen, ihn dann aber auf unerklärliche Weise wieder aus den Augen verloren. In diesem Punkt stimmten alle Berichte überein: Niemand konnte sagen, wohin er gegangen war.

So unwahrscheinlich und unmöglich das vielen erschien, eine gute Stunde vor der Christmette dieses Jahres war er zum ersten Male beobachtet worden: ein unauffälliger Mann im besten Alter, so zwischen dreißig und vierzig, einsfünfundsiebzig bis einsachtundsiebzig groß. Mag sein, dass sein gepflegter schwarzer Bart, der sein ganzes Gesicht einrahmte, ihn ein wenig älter machte, als er in Wirklichkeit war. Die Schätzungen derer, die angaben, ihn gesehen zu haben, gingen in diesem Punkt ziemlich auseinander. Alle aber behaupteten fest und steif, es sei Jesus gewesen; Jesus persönlich. Irrtum ausgeschlossen; auch wenn sie sich bisher Jesus ganz anders vorgestellt hätten. Außer in der Schule hätten sie bislang nichts mit ihm zu tun gehabt. Die Betroffenen erzählten allerdings erst dann von ihren eigenen Erlebnissen, als junge Leute am ersten Weihnachtstag die Behauptung aufgebracht hatten und ständig wiederholten, sie hätten am Heiligen Abend mit Jesus selber gesprochen und deswegen fast die traditionelle Mitternachtsmesse zum Fest seiner Geburt versäumt.

Damals, an jenem Heiligen Abend 1994, trug er schwarze ausgewaschene Jeans, aus denen naturfarbene Lederstiefel herausschauten. Die graue Flauschjacke war mit einem weinroten Phantasiemuster durchzogen, der dunkelblaue Schal lässig um den Hals gebunden. Der Unbekannte lehnte, daran erinnerten sich hinterher ebenfalls viele Gottesdienstbesucher, wie zufällig und fast ein wenig gleichgültig an der Außenmauer der Kirche, in der bald die Christmette beginnen sollte. Aber seine Augen waren hellwach. Diese besonderen Augen konnten fast alle, die ihn, wenn auch nur kurz, angesehen hatten, gut beschreiben: große, dunkelbraune, gütige und wissende Augen. Andere berichteten von Interesse, Wohlwollen und Zuwendung, das sie durch diese Augen erfahren hätten. Von diesen Augen gingen, aber auch darüber wurden sich die Kirchenbesucher erst später klar, eine Wärme, eine Zuversicht und eine Kraft aus, an die sich selbst der flüchtigste Beobachter noch lange erinnern konnte.
„Beeil dich doch, Franz“, sagte die Frau zu ihrem Mann, als sie an dem Fremden ahnungslos vorübergingen. „Die Sitzplätze werden schon wieder alle besetzt sein. Voriges Jahr mussten wir fast zwei Stunden stehen, so lange hat der Chor alles in die Länge gezogen! Du weißt doch, meine Beine halten das nicht mehr aus.“ – „Ach was, schon jetzt in die Kirche, eine Stunde bevor es losgeht! Überhaupt eine verrückte Idee von dir, am Heiligen Abend unbedingt zur Christmette zu gehen“, nörgelte der Mann und lief hinter

seiner Frau her. „Da gehen doch Hinz und Kunz in die Kirche. Reine Gefühlsduselei so was."
Dann kamen drei ältere Frauen an dem Fremden vorüber; sie hatten sich untergehakt; eine von ihnen, die rechts an der Hecke, ging an der Krücke. „Kennt ihr den merkwürdigen Menschen dort an der Mauer?", fragte die Mittlere im aufdringlichen Flüsterton, den man doch deutlich hören konnte oder vielleicht hören sollte: „Ich habe ihn noch nie bei uns gesehen! Nach einem dieser schrecklichen Asylanten sieht er nicht aus!"
Die beiden anderen drehten sich kurz um, schüttelten den Kopf und gingen weiter, ohne, ganz gegen ihre Art, ein weiteres Wort zu verlieren. Auch sie wollten heute möglichst schnell in die Kirche kommen.
Der Strom derer, die zur Christmette eilten, wurde eine Viertelstunde vor Beginn immer dichter. Die einzelnen Stimmen und Sätze vermischten sich mit den gewohnheitsmäßig ausgetauschten Grußworten und Wünschen: „Fröhliche Weihnachten!" – „Gesegnetes Fest!" – „Ruhige Feiertage!"
„Meinetwegen hätte es wieder einmal schneien können. Wie lange haben wir schon keine weiße Weihnachten mehr gehabt! In unserer Kinderzeit gab es immer rechtzeitig zum Fest viel Schnee, so hoch..." Der ältere Herr machte mit der Hand eine Andeutung, die fast auf einen Meter der weißen Pracht schließen lassen konnte.
„Also diese Hetze wieder! Jedes Jahr das gleiche: Kaum sitzt man nach der Bescherung gemütlich beisammen und trinkt ein Schöppchen, muss man sich schon zum Kirchgang fertig machen. Der ganze Aufwand rentiert sich nicht. Übrigens, der Sekt nach dem Essen war sein Geld nicht wert."
„Wenn es nur nicht immer so voll würde bei der Mette. Da kommen die, die das ganze Jahr über nicht zu sehen sind, und nehmen uns braven Kirchgängern unsere Plätze weg.

Werktags sieht man keinen von denen. Der Pfarrer sollte etwas gegen diese Gelegenheitschristen unternehmen. In Italien, habe ich gehört, gibt es Platzkarten zum Fest; das wäre das Richtige!“

„Meine Eltern wären ganz schön sauer, wenn ich Weihnachten nicht in die Messe ginge. Ich will mir nicht das ganze Fest versauen lassen, deswegen habe ich mir gedacht, tue den alten Herrschaften halt den Gefallen und geh’ in die Kirche. Einmal im Jahr.“

„Ob sie diesmal ‚Stille Nacht‘ singen? Im letzten Jahr war es nicht im Programm. Ich möchte wissen, warum ich dann noch in die Kirche gehen soll. Ohne ‚Stille Nacht‘ kein Weihnachtsgefühl. Das müsste der Pfarrer wirklich wissen!“

„Morgen sind wir bei den Eltern zum Essen eingeladen, übermorgen bei den Schwiegereltern. Ich hasse diese stressige Besucherei, aber was will man machen! Es fällt immer etwas ab dabei für uns und die Kinder.“

„Du wirst sehen, wie schnell die Feiertage wieder herum sind. Da rennt man sich wochenlang ab und was hat man davon? An Weihnachten bin ich todmüde, dass ich am liebsten zu Hause bliebe.“

„Komm, lass uns auf die andere Seite gehen; ich will heute Abend den Schusters nicht begegnen. Du weißt doch, die mit dem behinderten Kind, das so komische Bewegungen macht. Das macht mich immer so traurig und das passt heute nicht zusammen.“

„Gott sei Dank, sage ich, wenn das alles wieder vorbei ist! Hoffentlich predigt der Pfarrer nicht ewig lange wie im letzten Jahr! Ist doch sowieso immer das gleiche!“

„Mein Gott, diese Geschenke! Jedes Jahr sagen wir, damit ist endlich Schluss, und jetzt wieder... Ich brauche bestimmt einen ganzen Tag, um alles aufzuräumen. Allein das viele Papier! Wohin damit?“

Der einsame Mann an der Mauer hörte aufmerksam die Grüße, die Wünsche, die Seufzer, die Gedanken und Äußerungen, die mit dem Strom der Menschen an ihm vorüberzogen. Es waren Momentaufnahmen des religiösen Lebens am Heiligen Abend: Christen auf dem Weg zur Kirche. Der Bärtige hörte aufmerksam zu, zeigte aber keinerlei Reaktion. Schließlich, sozusagen im letzten Augenblick, kam noch ein Trupp fröhlicher junger Leute. Sie lachten miteinander und sprachen laut. Das festliche Geläute war schon verklungen und aus der Kirche tönte bereits mächtig die Orgel, in die sich die Stimmen der Gemeinde mischten: „Auf, Christen, singt festliche Lieder und jauchzet mit fröhlichem Klang..."
Bei dem Mann in den Jeans und der Flauschjacke blieben die jungen Leute stehen: „Wohl auch keine Lust, die Veranstaltung da drinnen mitzumachen?", fragte einer von ihnen ein wenig spöttisch. „Am Heiligen Abend sind die meisten Kneipen geschlossen, und in den wenigen, die offen sind, ist nichts los. Langweilig diese Feiertage! Da bleibt buchstäblich nur die Kirche."
Sie umringten den Bärtigen und zündeten sich eine schnelle Zigarette an. Einer reichte die Schachtel dem Unbekannten: „Rauch' doch eine mit zum Fest der Geburt Christi!" Es sollte wieder spöttisch klingen, doch es kam eher verlegen aus dem jungen Mann heraus. Er räusperte sich ein wenig kleinlaut.
Der Mann an der Kirchenmauer lehnte ab und fragte die jungen Leute unvermittelt mit einer eindrucksvollen Stimme, die keiner mehr vergessen sollte: „Christi Geburt! Wisst ihr eigentlich, was eine Geburt ist? Könnt ihr euch vorstellen, was es heißt, geboren zu werden? Es ist etwas Wunderbares, ja, es ist ein Wunder. Und dieses Wunder ereignet sich heute, jetzt. Hier, unter euch. In dieser Nacht. Ihr seid dabei, bei diesem Wunder, wenn ihr es nur wollt."

Die drei Mädchen unter den jungen Leuten waren die ersten, die ihre Zigaretten auf dem Steinboden austraten. Sie fühlten sich von seinen direkten Worten besonders angesprochen. Dann machten es ihnen die vier Burschen nach. Sie umringten den sonderbaren Menschen, der immer noch an der Mauer der Kirche lehnte. Sie wussten nicht, was es war, das sie wie magisch anzog und zuhören ließ.
In der Kirche sang gerade der Chor: „Es ist ein Ros' entsprungen aus einer Wurzel zart..."
„Gott wird geboren in dieser Stunde", fuhr der Bärtige fort. „Aber nicht in den Häusern und Palästen, auch nicht hier in der Kirche. Gott wird in den Herzen der Menschen geboren, die sich ihm öffnen. Ohne Vorurteile. Ohne Bedingungen. Deswegen kann Gott nicht überall und nicht zu jeder Zeit geboren werden, er braucht dazu offene Menschen. Gott braucht zu seiner Menschwerdung Menschen wie euch. Sonst kann er nicht kommen."
Etwas unsicher standen die jungen Leute um den Fremden, der zu ihnen wie ein Pfarrer redete und doch einen ganz anderen Eindruck machte. Nein, ein religiöser Schwärmer war das nicht; solche gab es zwar immer wieder, gerade zu Weihnachten, besonders wenn Alkohol mit im Spiel war. Aber diese Stimme war ganz anders! Die Worte kamen wie aus weiter Ferne und waren ihnen doch ganz nah. Es war ihnen, als hätten sie ihren Klang schon einmal gehört. Nicht in Wirklichkeit gehört; nicht mit ihren Ohren. Aber in ihren Träumen vielleicht, in ihren Herzen oder in ihren Hoffnungen. Sie spürten, da war einer, der sie und ihr Leben ernst nahm. Das hatten sie in der Kirche bislang vermisst.
„Wisst ihr", sagte der Fremde, „es ist wichtig, geboren zu werden. Es gibt nichts Schöneres, als wenn zwei Menschen sich in einem Kind mitteilen und es dann loslassen, damit es wachsen und reifen kann. Das ist das Größte an der Liebe,

sich mitzuteilen und doch zugleich loszulassen. Gott hat es genauso gemacht in dieser Nacht: Er hat sich losgelassen und ist Mensch geworden. So einfach ist das und doch so unbegreiflich. Wie zwei Menschen nur dadurch ihrem Kind wirklich begegnen können, wenn sie es in der Geburt loslassen, so begegnet euch in dieser Stunde Gott. Er hat seine Macht und seine Herrlichkeit für euch losgelassen und ist den Menschen gleich geworden. Wenn schon Menschen einander zum Ursprung eines neuen Lebens werden können, wie viel mehr dann Gott."
Der Bärtige machte eine große Bewegung, als wolle er sie alle umfassen, später behaupteten die jungen Leute, er habe sie gesegnet; dann sagte er: „Gott ist der Ursprung des Lebens. Wir kommen alle von Gott und dürfen zu ihm zurückkehren, wenn wir unsere Aufgabe erfüllt haben. Wer das begriffen hat, ist reif geworden. Reif geworden für das Leben und für die Liebe. Er wird nicht mehr nur nehmen wollen, er will geben und verschwenden; er kann sich in Liebe verschenken, weil er wie Gott geworden ist. Er fragt nicht mehr nach dem Ich, er kümmert sich um das Du. Gott wird Mensch, damit der Mensch Mensch werden kann."

Für eine kurze Zeit merkte keiner der Sieben, dass der Fremde mit diesen Worten aus ihrer Mitte verschwunden war. Betroffen schwiegen sie und einige meinten, sie hätten nur geträumt. Dann drängten sie sich in die übervolle Kirche hinein, gerade in dem Augenblick, als ein Lektor auf dem Ambo das heilige Buch aufgeschlagen hatte und vorzulesen begann:
„Was wir gehört und erkannt haben, was unsere Väter erzählten, das wollen wir vor den Kindern nicht verbergen, künden wollen wir es den kommenden Geschlechtern; sie sollen aufstehen und es weitergeben an ihre Kinder, damit

sie ihr Vertrauen auf Gott setzen, die Taten Gottes nicht vergessen und seine Gebote bewahren..."
„Wenn der da vorne am Lesepult einen dunklen Bart hätte", sagte einer aus der Gruppe zu den anderen flüsternd, „wenn er einen schwarzen Bart hätte, ich wette, er wäre der Mann von draußen."
Und er summte die Melodie eines Liedes, das ihm bei diesem Gedanken in den Sinn gekommen war: „Eines Tages kam einer, der hatte einen Zauber in seiner Stimme, eine Wärme in seinen Worten, einen Charme in seiner Botschaft..."
Die anderen nickten, summten die Melodie mit und empfanden dabei etwas Großes in ihren Herzen, etwas, das sie nicht ausdrücken konnten. Es war jedenfalls etwas viel Größeres, als Weihnachten bisher für sie war. Nein, sie hatten sich nicht getäuscht und das ließen sie sich auch nicht mehr nehmen: Sie waren Jesus in dieser Nacht leibhaftig begegnet.
Später behaupteten einige aus der Gruppe, der Heilige Abend hätte ihr Leben total verändert.

Ein Hauch Zärtlichkeit

„Cola mit, bitte!" Der junge Barmann hinter der Theke schob das Glas dem Bärtigen zu: „Ich sehe dich hier zum ersten Mal." Der prüfende Blick des Jungen glitt ein wenig zu forsch und herausfordernd über den Fremden mit dem dunklen, gepflegten Bart, der fast das ganze Gesicht einrahmte. – „Wirklich, zum ersten Mal? Ich bin immer hier!" antwortete sein Gegenüber.
Der Student zog ungläubig die Schultern ein wenig hoch. „Mag sein, aber ich habe dich noch nie gesehen. Ich arbeite hier nur einmal in der Woche. Erwartest du einen Freund?"
Der Gast nahm statt einer Antwort sein Glas hoch und hielt es dem hinter dem Tresen freundschaftlich entgegen.
Der junge Mann wehrte schnell ab: „Ich bin in festen Händen, wenn du mich meinst!"
„Das ist gut. Jeder Mensch braucht einen festen Freund", antwortete der Bärtige mit seinen sprechenden, dunkelbraunen Augen. „Es ist gut, sich an einem Menschen festhalten zu können. Wir brauchen die Freundschaft wie das tägliche Brot. Wir können nicht allein sein. Die Einsamkeit frisst den Menschen auf."
Der Student nickte seinem Kollegen am Zapfhahn zu, um ihm klarzumachen, dass er sich für ein paar Minuten absei-

len wollte; es war in der Kneipe, in der zumeist junge Leute verkehrten, im Augenblick nicht viel zu tun. Er kam nach vorne und schwang sich auf einen Barhocker.
„Ich weiß nicht, warum ich dir das erzähle“, begann er langsam, „aber leicht ist das nicht mit der Einsamkeit und der Freundschaft. Ich weiß nicht, wie es dir ergangen ist. Ich war lange auf der Suche; also war ich auch lange allein. Als ich dann meinen Freund fand, gab es neue Probleme. Wenn ich nur an den Schrecken und den Widerstand meiner Familie denke. Das ist auch der Grund, warum ich meine Eltern kaum noch besuche. Ich kann ihre ständigen Vorwürfe wegen Andreas nicht mehr ertragen. Sie verstehen nicht und wollen nicht verstehen.“
„Dabei wäre es so wichtig miteinander zu reden und einander tragen zu helfen“, unterbrach ihn der Fremde, und seine sanften Augen unterstrichen das, was er sagte: „Es ist zu viel Sprachlosigkeit und deswegen so viel Verständnislosigkeit in der Welt. Weil sich so viele Menschen nichts mehr zu sagen haben, können sie auch nichts mehr miteinander tragen.“
Noch bevor der Student etwas erwidern konnte, fuhr der Gast mit einem festen Ton in der Stimme fort: „Die Menschen sind dazu bestimmt, füreinander zu leben. Zu einem menschlichen Leben gehören Liebe und Solidarität, Zärtlichkeit und Treue. Diese Werte liegen in jedem, aber oft sind sie verschüttet und müssen erst wieder ausgegraben werden. Eine mühsame Sache...“
„Wie heißt du?“, fragte der Student. „Entschuldigung! Ich heiße Martin.“ Er streckte dem Bärtigen kameradschaftlich die Hand entgegen, an deren kleinem Finger ein schmaler Goldring glänzte. Der Bärtige nahm die Hand mit festem Druck an und fragte mit einem hintergründigen Lächeln zurück: „Martin, welcher Name würde dir denn gefallen? Christian oder Christoph? Ach was! Nenne mich einfach

Amigo; ich bin dein Freund; einer, auf den du dich verlassen kannst."
Es ging eine aufregende Wärme von der Hand dessen aus, der sich Amigo nannte; etwas, was Martin später seinem Freund Andreas nur mit zärtlicher Kraft beschreiben konnte.
Martin rückte den Barhocker näher an den Bärtigen heran: „Andreas hat es nicht gerne, wenn ich hier in der Kneipe den Barkeeper spiele. Er ist eifersüchtig. Er fühlt sich bedroht, sagt er, er fühlt sich von den anderen Männern bedroht, die hier ein- und ausgehen, weil sie ständig auf der Suche sind. Und er hat recht. Manchmal geht es hier zu wie in einem billigen Einkaufsmarkt."
„Und wer bedroht dich?"
Die Frage traf Martin wie ein Blitz. Nach einer längeren Pause, in der Martin nach den rechten Worten suchte, brach es aus ihm heraus: „Weißt du, ich habe Angst. Ich habe Angst vor mir selbst. So weit ich zurückdenken kann, haben mich nur Männer fasziniert. Mein Vater war ein guter Sportler, das heißt, er ist es heute noch. Er hatte kein Verständnis für mich, weil ich weicher war, als er sich seinen einzigen Sohn wünschte. Zimperlich und empfindlich wie ein Mädchen, sagte er immer vorwurfsvoll. Wirkliche Zuwendung oder gar Zärtlichkeit habe ich von ihm kaum erfahren."
Martin holte sich hinter der Theke eine Cola, bevor er weitersprach: „Dann erlebte ich, trotz großer Widerstände, die immer von mir ausgingen, die Freude am männlichen Körper. Nein, nicht was du vielleicht jetzt denkst, ich war nicht auf das Sexuelle fixiert, wie das in diesem Homo-Betrieb hier üblich ist." Es kam etwas Verächtliches, Abwehrendes in Martins Stimme: „Es ist schlimm, immer sich und seine Gefühle verteidigen zu müssen."
„Die Gefühle gehören zu uns. Die Unterdrückung der Gefühle macht uns krank. Denn sie bleiben am Werk, auch

wenn wir sie nicht wahrhaben wollen“, sagte Amigo. „Du musst dich also nicht verteidigen, weil dich niemand anklagt.“

Martin fühlte die eindrucksvollen Augen des Fremden auf sich und erzählte weiter: „Nicht verteidigen, aber erklären. Das schnelle Erlebnis wollte ich nie. Für mich sind Geborgenheit, Vertrautheit und Treue sehr wichtig; das enge Zusammensein, verstehst du? Die Nähe des anderen und seine Wärme, das Streicheln, die Zärtlichkeit, das ist für mich lustvoll und befriedigend; manchmal sind diese Begegnungen für mich wie eine erfüllte Hoffnung und eine tiefe Erlösung. Diese Lust ist für mich viel mehr als sexuelle Befriedigung. Glaub es mir! Doch dann ist plötzlich wieder die Angst da, eine unbegreifliche Angst, die mir niemand nehmen kann.“

Amigo hatte sein Glas immer noch nicht angerührt. Er hörte aufmerksam zu.

„...nicht nur die Angst, dass alles Schöne einmal vorbei sein könnte. Partnerschaften bei Schwulen zerbrechen noch öfter als bei den Heteros, sagt man. Hier in der Szene erlebe ich es oft. Heute der, nächste Woche ein anderer. Manchmal dauert es nicht einmal so lange. Begeisterung und Enttäuschung sind so nahe beieinander. Amigo, ich habe Angst, verlassen zu werden.“ – Martin trank einen Schluck.

„Aber es ist bei mir mehr als die Angst, Andreas zu verlieren. Es ist eine unbestimmte Angst, die mich gerade in den schönsten Stunden unserer Gemeinsamkeit erfasst und mich manchmal zum Weinen bringt.“

Martin stockte. Aus der Musikbox dröhnte, mit einem harten, aufregenden Rhythmus unterlegt: „I am what I am...“

Der Bärtige legte seine Hand auf Martins Unterarm: „Die gemeinsame Erfahrung der Lust macht menschlich und kann uns alle Härte nehmen, mit der wir uns oft wie zu unserem

Schutz umgeben. Wenn wir uns durch die Lust für andere geöffnet haben, dann spüren wir auch, dass das nicht alles sein kann. Die Lust will uns weiterführen. Das erfahren viele nicht, die nur einseitig auf ihre Lust bedacht sind“, spann Amigo Martins Faden weiter. „Menschen, die zueinander zärtlich sein können, erleben sich nicht nur als Männer oder als Frauen, sie erleben sich, wie Gott sie haben wollte: offen, sinnlich, kreativ, intensiv. Sie erfahren, wenn auch manchmal nur sehr kurz, Leben in Fülle. Und unser Weinen ist die Trauer darüber, dass wir bestenfalls auf der Spur sind, dass wir noch lange nicht so sind, wie Gott uns gedacht hat.“
„Was weißt du von Gott?“, fragte Martin herausfordernd. „Ich bin ihm seit meinen Kindertagen nicht mehr begegnet. Ich habe ihn abgeschafft, weil ich auch vor ihm Angst hatte, der schon die kleinen Sünden straft und erst recht in jedes Schlafzimmer schaut.“
Der Amigo wehrte ab: „Gott ist ganz anders als die Menschen behaupten. Wer mit Gott Angst macht, der begeht die eigentliche Sünde. Er lästert Gott.“
Amigo machte eine Pause, damit Martin nachdenken konnte. Dann fuhr er fort: „Ich könnte dir den ganzen Abend von ihm erzählen und käme doch an kein Ende. Jedenfalls spüren wir etwas von Gott, wenn uns die Lebenslust durchdringt; wenn ein anderer uns zärtlich in die Arme nimmt; wenn uns Geborgenheit geschenkt wird oder wenn wir in die Luft springen möchten vor Freude. Gott ist Leben. Wir spüren etwas von ihm, wenn wir einen Menschen lieb haben; wenn wir ihm ein Stück von uns schenken; wenn wir vor ihm ganz nackt und bloß, auch mit unseren Fehlern und Schwächen sein können. Gott ist Liebe.
Martin, glaub mir, Gott ist das ganze Leben und die totale Liebe, und wir sind ein Teil von ihm. Auch die Lust kommt von Gott. Wer das nicht wahrhaben will, wer das bei sich

nicht zulässt, der zerstückelt Gott in seinem Denken, der vertreibt Gott aus seinem Leben. Wer Gott aufgibt, gibt sich selber auf."

Martin hörte mit wachsender Aufmerksamkeit zu; dann fragte er: „Woher kommt dann meine Angst, wenn ich mit Andreas zusammen bin? Sie muss doch einen Grund haben? Warum habe ich gerade dann Angst, wenn ich keinen Grund habe, wenn es mir besonders gut geht?" – „Weil ihr beide zwar miteinander redet und miteinander lebt, aber euch noch nicht wirklich zum Unterhalt geworden seid. Weil ihr vieles miteinander teilt, aber euch nicht völlig und offen mitteilt. Die wirkliche Unterhaltung ist weit mehr als ein zufälliges Reden; sie meint den anderen ganz."

Der Fremde redete so direkt, als ob er beide und ihr Verhältnis schon lange kennen würde: „Unterhalt, Martin, das hat mit Leben zu tun, mit Fürsorge und mit Verantwortung, also mit dem Einsatz für das Leben und die Weiterentwicklung des anderen. Lust ist ein besonderer Ausdruck für diesen Unterhalt, sie ist eine besonders schöne Möglichkeit, miteinander körperlich und seelisch zu kommunizieren. Wer sich um den Unterhalt des anderen wirklich sorgt, braucht keine Angst zu haben, er könne den anderen verlieren. Weil er um den anderen besorgt ist, lässt er seine eigenen Sorgen los. Die Sorgen sind es letztlich, die uns Menschen gottlos, unmenschlich und damit Angst machen."

„Das hast du schön gesagt, Amigo. Die Sorgen sind es, die den Menschen gottlos und unmenschlich machen! Wer sich zu große Sorgen macht, denkt nur noch an sich selbst. Ich merke das an meinen Eltern. Ihre Sorge für mich ist so groß, dass wir nicht mehr zueinander kommen können. Weil sie mich nicht loslassen konnten, haben sie mich praktisch verloren. Aber ich fühle mich schuldig dabei, denn ich verdanke meinen Eltern viel."

Martin ergriff die Hand des Bärtigen und fragte: „Was bist du eigentlich für ein Mensch? Ich sehe dich heute zum ersten Male, aber mir ist, als würden wir uns schon lange kennen. Ich rede mit einem Fremden und spüre zu dir doch ein so tiefes Vertrauen, wie ich es nicht einmal zu Andreas habe." – „Dieses Vertrauen musst du entfalten; das Vertrauen zu allen Menschen, das nicht nur darin besteht, sich getragen und geschützt zu wissen, sondern selber zu tragen und zu schützen. Jeder Vorschuss an Vertrauen, den du dem Freund schenkst, kommt auf dich zurück; Vertrauen macht dich stark und unangreifbar, macht dich einfühlsam und zart. Das Vertrauen allein kann deine Angst so klein machen, dass du sie aushalten kannst."

„Mann, es ist schön mit dir zu reden", sagte Martin. „Ich kannte einmal einen Franziskanerpater, der mich für ähnliche Gedanken öffnen konnte. Bevor wir Freunde werden konnten, wurde er versetzt; ich habe nie mehr etwas von ihm gehört. Lang ist es her. Ich bin aus der Kirche ausgetreten, weil sie mit mir nichts mehr zu tun haben wollte: Schwule haben in der Kirche keinen Platz."

„Sei darüber nicht traurig", tröstete Amigo und löste seine Hand aus der des Studenten, die jener immer noch festgehalten hatte. „Sei nicht traurig über eine Kirche, die zu Lebenslügen verleitet und deswegen nicht mehr heilsam sein kann für die Menschen. Eine solche Kirche ist nicht unsere Kirche. Du selber kannst heil machen und für andere zum Heil werden. Du selber, wenn du nach dem Evangelium lebst... Sei nicht traurig, Martin: Viele sind in der Kirche, die nicht in der Kirche sind. Viele sind nicht in der Kirche und sind doch mittendrin in der Gemeinschaft mit Jesus."

Martin wartete ein wenig mit seiner Antwort, dann sagte er hilflos und schon fast flüsternd: „Und ich habe Angst vor Aids!"

Der Amigo sah Martin tief in die Augen: „Ich habe gestern einen Besuch in der Klinik gemacht. Aids ist nicht die einzige Krankheit, an der Menschen sterben. Viel wichtiger ist es, zu lernen, sich auf den Tod einzustellen wie auf eine Selbstverständlichkeit. Das ganze Leben ist eine Übung auf den Tod. Wir üben ein Leben lang das Sterben. Viele begreifen das nicht und deswegen lernen sie auch nicht, loszulassen; die Dinge, die sie binden und nicht wirklich leben lassen, loszulassen. Auch sich selbst loszulassen." – „Dann ist für dich Aids mehr als eine Krankheit?", fragte Martin.
„Aids ist eine schlimme Krankheit, aber keine Strafe Gottes, wie manche gerne behaupten. Aids ist aber auch keine sinnlose, unheilbare Krankheit, die nur zerstört; sie ist eine Chance und eine Herausforderung. Denn in dieser Krankheit werden wie kaum bei einer anderen die Nähe und die Zusammengehörigkeit von Liebe, Lust, Leidenschaft und Tod erfahren und erlitten. Wer sich damit ehrlich auseinander setzen kann, lebt bewusster, liebt bewusster und verliert die Fröhlichkeit und die Gelassenheit nicht aus seinem Herzen, trotz allem..."
„Da kommt Andreas", unterbrach ihn Martin.
Er bedauerte sehr, dass er damit das Gespräch beenden musste; er hätte noch viele Fragen gehabt. Fragen über Gott und die Welt. So sagte Martin zur Seite hin: „Jetzt kann ich dir meinen Freund vorstellen. Er bleibt nach seiner Arbeit immer hier, bis mein Dienst beendet ist. Ich muss ihm erklären, warum..."
Doch der bärtige Fremde war verschwunden. Sein Platz war leer. Ein Fünfmarkstück lag neben der Cola, die Amigo kaum angerührt hatte. Was von ihm blieb war ein zärtlicher Hauch von Freundschaft und frischer Zuversicht.

Endlich Mensch werden

Die letzten Töne der gewaltigen Fuge waren in der barocken Halle verklungen. Der Dom leerte sich schnell. Die Touristen, die gerade noch voller Andacht dem meisterlichen Spiel der Orgel zugehört hatten, versammelten sich geschwätzig um ihren Führer, der ihnen überlaut die nächsten Besichtigungspunkte in der Stadt bekanntgab. Dann waren auch diese Geräusche verstummt.
Im Mittelschiff der großen Kirche, in der dritten Bank links, war ein Mann sitzen geblieben, fast vierzig, unscheinbar in seiner grauen Hose und dem weißen, offen getragenen Hemd. „Vor fünfzehn Jahren", der Mann sagte es leise in den leeren Raum, dass er sich nur selber hören konnte, „vor fünfzehn Jahren hat mir der Bischof hier die Hände aufgelegt: ‚Tu es sacerdos in aeternum'. Ein festlicher Anfang, und jetzt bin ich am Ende." Er schlug die Hände vors Gesicht und konnte deswegen nicht sehen, dass neben ihm ein später Besucher Platz genommen hatte: ein Mann, etwas jünger als der Priester. Einige Zeit saßen die beiden nebeneinander.
Dann hörte der Priester die Stimme seines Nachbarn: „Was bringt das alles noch?"
Der Priester schaute überrascht zur Seite. Er hatte von seinem Nachbarn die gleichen Worte gehört, die er gerade ge-

dacht hatte, die ihm aber nicht über die Lippen gegangen waren: Was bringt das alles noch, wenn einer zerrissen ist durch den Anspruch seiner Berufung und die unüberwindbare Liebe zu einem Menschen? Wenn beides nicht zusammenpassen durfte? Er war schließlich für alle Menschen da, nicht für einen. Das hatte er versprochen. Hatte er das wirklich so bedingungslos versprochen?

„Du kommst dir vor wie der letzte Mensch", sagte sein Nachbar in seine Fragen und Zweifel. „Du kämpfst mit großem Idealismus, doch die Kirchenbänke bleiben leer. Du strengst dich an, doch der Erfolg bleibt aus. Die Menschen, die dir anvertraut sind, fragen wie du. Sie fragen, was bringt es, religiös zu sein? Was bringt es, den Gottesdienst zu feiern? Was bringt es, sich in der Gemeinde zu engagieren? Sie finden keine Antwort auf ihre Fragen und du hast ihnen noch keine Antwort geben können."

„Wenn ich sie selbst nicht mehr weiß", sagte der Priester. „Wie kann ein Blinder die Blinden führen? Wenn ich die Antwort selbst nicht mehr weiß, seit..."

„...seit Anna in dein Leben getreten ist", vollendete sein Nachbar auf der Bank den begonnenen Satz.

Der Priester rückte betroffen ein wenig von dem merkwürdigen Nachbarn ab und sah ihn erstaunt an: „Anna, sie ist die einzige, die mich versteht!" – „Wirklich?", fragte der Nachbar.

Die beiden schwiegen für einige Zeit. Im Kopf des Priesters wirbelten die Gedanken durcheinander: So direkt und menschlich hatte ihn in der letzten Zeit noch niemand angesprochen; niemand außer Anna. Da war einer, der ihn verstand, das spürte er. Der Fremde war ihm vom ersten Wort an sympathisch, wenngleich er sich so unmittelbar einmischte. Vorsicht! dachte er sich. War er in den letzten Wochen und Monaten nicht oft getäuscht und enttäuscht worden? Hatten die Mitbrüder – Mitbrüder? – nicht Verständnis geheuchelt? Hatte die bischöfliche Behörde seine innere Zerrissenheit nicht schamlos ausgenutzt und ihn unter Druck gesetzt?

„Es ist ein Teufelskreis“, hörte er den Nachbarn in seine kreisenden Gedanken hinein sagen.

„Ja, es ist ein Teufelskreis“, wiederholte der Priester laut. Etwas leiser fügte er, dem Nachbarn zugewandt, hinzu: „Wie soll ich aus diesem Teufelskreis herauskommen: Der Einsatz für drei Gemeinden, die eifersüchtig darauf achten, dass sie alle gleich versorgt werden. Die ständige Überlastung zwischen Pfarrhaus, Schule und Sitzungen. Und dann die bodenlose Einsamkeit, in die einer fällt, wenn sich hinter ihm nach all der Beanspruchung die Pfarrhaustüre schließt. Vor fünfzehn Jahren, vor meiner Weihe...“

„Niemand kann sich mit 25 vorstellen, was fünfzehn Jahre später sein wird“, sagte sein Nachbar. „Wir entwickeln uns alle weiter; wir müssen uns alle weiterentwickeln, wenn wir nicht verarmen wollen. Verarmte Priester gibt es genug!“

„Anna sagt immer: ‚Wir beide schaffen es. Wir finden einen Weg‘. Es tut gut, wenn ein Mensch uns sagt: Es wird gut.“

Der Priester schwieg einen Augenblick. Dann sagte er: „Es tut gut, doch schon im nächsten Augenblick muss ich eine Maske aufsetzen. Keiner darf es wissen, dass ich einen Menschen lieb habe. Unsagbar liebe. Wenn andere dabei sind, behandle ich Anna zurückweisend. Ihre Vorschläge für die Jugendarbeit oder für die Altenseelsorge weise ich als undurchführbar zurück und hinterher weine ich mich bei ihr aus, suche Wärme und Geborgenheit und schrecke vor dem letzten Schritt zurück, der alles zerstören würde, was mir heilig war.“

„Was muss uns heilig sein?“, fragte der Nachbar. „Wir müssen erst einmal Mensch werden. Unsere eigene Menschwerdung zulassen. Du kennst viele Menschen. Doch in dir kennst du dich nicht aus. Viele Kräfte schlummern in dir, die du nicht annimmst; die du zurückweist, die du versteckst. So hast du das Weibliche in dir noch gar nicht entdeckt. Du kennst deine Anlagen und Bedürfnisse nicht."

„Darf ein Priester Bedürfnisse haben? Darf er Sehnsüchte haben? Darf er das sich und anderen eingestehen?" Die Stimme des Priesters schwankte zwischen Resignation und Bitterkeit. „‚Ein Priester muss funktionieren', so hat es mir der Generalvikar heute morgen ganz deutlich gesagt: ‚Die große Aufgabe für Gott verlangt den ganzen Einsatz des Menschen! Deswegen dürfen Sie Gott keinen Menschen vorziehen. Alles, was Sie tun, das tun Sie für Gott'. Das waren seine Worte und damit wurde ich entlassen."

„Was kann ein Mensch für Gott tun?", fragte der Nachbar.

„Nichts. Gott ist nicht dafür Mensch geworden, dass wir unsere Menschlichkeit verlieren. Zu unserer Menschlichkeit gehören unsere starken Seiten wie unsere Schwächen. Zu unserer Menschlichkeit gehören unsere guten Eigenschaften, unser Charme genauso wie unser Schatten."

„Genau das hat mich in die Krise gestürzt. Ich kann mich nicht zu Anna bekennen, weil ich meine Berufung, weil ich meinen Beruf nicht aufgeben kann und will."

„Wer die Krise nicht riskiert, verliert sein Menschsein!" Der Nachbar sagte diesen Satz sehr bestimmt. „Wer Krisen umgehen will, stellt sich auf das Mittelmaß seines Lebens ein; er kennt keine Höhen, er kennt keine Tiefen mehr. Was Gott in dieser Zeit und zu allen Zeiten braucht, sind Menschen, in denen er sich zeigt und verwirklicht. Denke daran, was du predigst: Im Menschen ereignet sich das Kommen der Herrschaft Gottes." – „Menschsein ist riskant", sagte der Priester. „Menschsein ist mit Zärtlichkeit und Sinnlichkeit, ist mit Sehnsucht und Begierde verbunden."

„Warum das Risiko vermeiden?", fragte der Nachbar. „Im Risiko liegt die Chance des Wachstums. Jedes Wachstum ist schmerzlich; wachsen bedeutet sich ablösen von Vertrautem, von Gewohntem. Jedes Wachsen wird angestoßen durch die Krise. Doch die Angst vor der kritischen Entscheidung ist groß. Es kann schief gehen. Deswegen wird die Lebenskrise verdrängt; deswegen wird die Autoritätskrise durch Spott überspielt; deswegen wird die Zölibatskrise bestritten; deswegen wird die Krise des Glaubens durch Betriebsamkeit totgeschlagen. Wachstum ist aber das Gegenteil von alledem, es ist Leben."
„Sobald ich ein bisschen Leben zeige, sobald ich mich ein wenig öffne und mit den Menschen fröhlich bin und feiere", sagte der Priester, „fühle ich mich ausgenützt. Dann ziehe ich mich wieder zurück."
„Es ist deine ständige Angst, dich zu verlieren, den Kürzeren zu ziehen."
Der Fremde sah dem Priester ins Gesicht: „Warum bist du Priester geworden?" Er wartete nicht auf die Antwort, sondern sagte: „Du bist Priester geworden, damit Gott seine Möglichkeiten und Pläne durch dich verwirklicht. Gott will sich durch dich auf ungeahnte Weise mitteilen."
Den Priester traf dieses Wort wie ein Blitz. Auf sein Primizbild hatte er vor fünfzehn Jahren geschrieben: „Du hast mehr Möglichkeiten, als du ahnst, ganz zu schweigen von den ungeahnten Möglichkeiten Gottes mit dir."
„Ich kann dir nur raten, steh zu diesem Weg; steh zu den Möglichkeiten Gottes. Sie reichen viel weiter, als es ein Generalvikar erahnen kann. Noch blockiert dich die Angst anzunehmen was andere dir schenken wollen. Die Gaben der anderen anzunehmen, ist auch eine der Möglichkeiten Gottes. Du willst immer nur geben und nichts geschenkt bekommen. Das ist nicht die Armut, die Jesus selig preist.

Mach die Menschen um dich glücklich, indem du dich beschenken lässt.“
„Soll ich mich auch von Anna beschenken lassen?“, fragte der Priester: „Das kann nicht gut gehen!“
„Gott stören unser Misstrauen und unsere Angst mehr als unser Leben. Gott ist ein Freund des Lebens. Deswegen riskiert er es sogar, dass manches in unserem Leben danebengeht. Gott wagt das Leben mit uns. Warum sollten wir dem Leben nicht trauen; warum sollten wir der Liebe nicht vertrauen. Sie wird uns den richtigen Weg zeigen. Gott geht mit uns.“
„Der Generalvikar…“, wollte der Priester einwenden.
„Auch der Generalvikar hat seinen Schatten, unter dem er leidet und den er deswegen in den anderen sucht.“ Sein Nachbar sagte es mit Autorität: „Deswegen muss vor ihm alles nach Kirchenrecht und Gerechtigkeit gehen. Er wagt es nicht zuzugeben, dass er das Instrument himmelschreiender Ungerechtigkeit ist, die mit dem Evangelium nicht mehr das Geringste zu tun hat.“
Der Banknachbar unterbrach kurz seine Gedanken: „Schau dich in dieser Kirche um; sie ist um diese Zeit fast leer. Und doch ist dieser Dom voller Tragik. Die Grabsteine an den Säulen sind ein beklemmender Beweis dafür. Tote Zeugnisse von lebendigen Menschen, die getragen und gelitten haben wie du. Menschen, die von ihrer Kirche im Stich gelassen wurden, weil sie nicht akzeptieren kann, dass es auch so etwas wie eine ‚glückliche Schuld‘ gibt. Denk daran: Wegen dieser Schuld ist Gott Mensch geworden.“
„Gott handelt nicht konsequent“, sagte der Priester.
„Ist es konsequent“, meinte der Gesprächspartner, „deswegen nicht wie Gott handeln zu wollen? Ja, Gott ist unvernünftig; wir aber meinen, wir sollten vernünftig sein. Dann bleibt das Herz, dann bleibt der Mensch vor lauter Vernunft

und Gesetz auf der Strecke. Die Kirche ist herzlos geworden."

„Der Kirche bläst der Wind ins Gesicht!" Der Priester suchte Partei zu ergreifen. „Es ist in unserer Gesellschaft ganz einfach alles schwieriger geworden. Und schon deswegen wage ich es nicht auszubrechen. Für mich wäre das wie Verrat und Fahnenflucht. Für Anna aber..."

Der Nachbar unterbrach ihn: „Die Kirche müsste ihre Richtung nur ein wenig ändern, dann hätte sie Rückenwind. Wir nennen einen Segler nicht gerade klug, der stur gegen den Sturm hält. Mit dem Sturm kommt er voran; vielleicht in großen Schleifen, vielleicht auf weiten Umwegen. Aber er kommt an. Wenn die Kirche nicht auf sich selbst baut, sondern auf Gott vertraut, dann hat sie Gott im Rücken."

„Habe ich nicht schon Umwege genug gemacht?", fragte der Priester.

„Um dich zu verstecken, hast du Umwege gemacht. Aber nicht, um über dich Klarheit zu bekommen und dich zu offenbaren." Wieder war in der Stimme des Nachbarn jene Sicherheit, die innere Zusammenhänge absolut aufdecken konnte: „Weil du vor dir und der Gemeinde Versteck spielst, bist du nicht wirklich frei. Zeige ihnen deine Wunde. Sprich von deiner Sehnsucht. Lass sie teilhaben an deinen Schwierigkeiten. Offenbare dich. Sie alle werden an deiner Seite stehen. Sie werden dir raten. Sie werden Verständnis zeigen. Sie werden mit dir weitergehen. Anna und all die anderen aus deiner Gemeinde."

Lange blieb es an der Seite des Priesters still. Der blickte angestrengt auf das große romanische Kreuz, weil er auf einmal den Eindruck hatte, als seien alle die Worte hier im Dom von dort her zu ihm gesprochen worden. Als er sich seinem Nachbarn wieder zuwenden wollte, bemerkte er den Domküster am Ende seiner Bank: „Entschuldigen Sie, Herr Pfarrer, ich möchte den Dom jetzt abschließen. Unsereins muss doch auch einmal zur Ruhe kommen."

„Danke. Wir alle müssen einmal zur Ruhe kommen", antwortete der Priester und ging. Er sah jetzt vor sich sehr deutlich den Weg, den er gehen würde.

Die Kette des Bösen zerbrechen

„Sind Sie der Vater? Es wird aber auch höchste Zeit!" Die Frage der Hebamme klang sehr vorwurfsvoll. Während sie den Besucher von Kopf bis Fuß musterte, sagte sie mit einiger Schärfe in der Stimme: „Ihrer Frau, Entschuldigung, Sie sind ja nicht verheiratet, der werdenden Mutter geht es ganz gut. Aber es kann noch ein bisschen dauern. Die Wehen sind erstmal abgeklungen. Wenn sie nur nicht so unruhig wäre! Gehen Sie nur hinein, das hilft ihr vielleicht. Die andere Patientin ist bereits im Kreißsaal..."
Resolut schob die Hebamme den Besucher ins Zimmer, schloss hinter ihm die Türe und brummte: „Mindestens zwanzig Jahre älter als Magdalena. Diese jungen Dinger heute!"
Der Besucher trat an das Bett der schmalen Sechzehnjährigen, die die Augen geschlossen hatte. „Magdalena", redete er sie an: „Magdalena."
Das Mädchen öffnete die Augen und zog sich tiefer in das Bett zurück, als sie den Fremden erblickte. Nach einer kurzen Pause fragte sie: „Sie kommen vom Jugendamt, nicht wahr? Ich gebe mein Kind nicht zur Adoption frei! Ich habe es mir anders überlegt." – „Darum geht es gar nicht, Magdalena", sagte der Besucher. „Es geht um dich und um dein

Kind. Jedes Kind bringt von Gott die wunderschöne Botschaft mit, dass er an der Menschheit nicht verzweifelt. Deswegen duftet jedes Kind nach Weihnachten. Das wollte ich dir sagen, noch bevor es geboren würde. Du sollst diesen zärtlichen Geruch aus der Welt Gottes erfahren."

„,Das Kind hat den Geruch der Schande an sich', sagt meine Mutter und: ,Du hast dich auf den Kerl eingelassen, jetzt sieh zu, wie du den Balg großziehst. Von mir hast du nichts zu erwarten. Du bist selber schuld, wenn dein Leben verpfuscht ist. Ich habe dich gewarnt.'"

„Ja, sie hatte mich wieder und wieder gewarnt", sagte Magdalena. „Aber ich war verliebt, wie ein dummes Mädchen nur verliebt sein kann. Ich habe mit Jochen ein halbes Jahr zusammengelebt. Als ich ihm gestand, dass ich schwanger bin, hat er sich davongemacht. ,Kinder sind eine Last', hat er nur gesagt, ,das habe ich nicht gewollt. Du hättest etwas dagegen tun sollen.'"

„Die Liebe verändert unser Leben wie ein Kind unser Leben verändert", sagte der Besucher und zog einen Stuhl an das Bett. „Dein Kind wird immer auch sein Kind bleiben. Wenn er die Last nicht tragen kann, wird er auch die Freude nicht erleben, die sein Kind ihm schenken möchte."

„Das ist es, was mir so weh tut. Deswegen kann ich mich auf dieses Kind nicht freuen, weil es auch sein Kind ist", sagte die werdende Mutter. „Ich werde mit diesem Kind immer Jochen vor Augen haben. Er wird mich nicht loslassen."

„Du hast Jochen sehr geliebt", stellte der Besucher fest. „In deinem Kind kannst du lieb haben, was an ihm liebenswert war und bleibt. Jetzt aber soll sich dein Kind auf dich und auf deine Welt freuen können; es ist an der Zeit, dass du es wirklich annimmst."

„Der Arzt sagt, das Kind ist gesund", sagte Magdalena. „Freude und Sorge, Hoffnung und Enttäuschung sind immer so eng beieinander." – „Ja, sie begleiten uns wie Geschwister", antwortete der Besucher. „Wie Geschwister, die uns etwas sagen wollen. Die Freude lässt uns bis in den Himmel schauen; die Sorgen halten uns hier fest. Die Hoffnung weist uns weit über dieses Leben hinaus, doch die Enttäuschung sagt uns: Noch nicht."

„Mein Kind soll es einmal besser haben", sagte Magdalena bestimmt. „Das war für mich der Gedanke, der mir über die ersten Pläne, es abzutreiben, hinweghalf. Ganz am Anfang schien mir die schnelle Lösung das beste; mehr und mehr wurde mir dieses Kind wichtig für meine und für seine Zukunft. Die lässt sich doch nicht einfach abtreiben? Und – ich hatte Angst, große Angst vor Gott", bekannte sie.

„Vor Gott brauchen wir keine Angst zu haben. Er ist es doch gewesen, der dir die Chancen gezeigt hat, die das Kind dir schenkt. Dein Kind will die Liebe von dir lernen und wird selber lieben können. Es wird dir nicht die Zukunft verbauen, sondern dir Zukunft schenken."

Der Besucher lächelte und deutete auf den Monitor: „Ist es nicht schön, die Herzschläge des Kindes zu hören. Du kannst Zwiesprache mit deinem Kind halten, von Herz zu Herz, und ihm sagen: Ich freue mich, dass du kommst. Ich hab' dich lieb. Wir werden miteinander durchs Leben gehen. Ich werde dich begleiten und ich werde dich loslassen, damit du ganz Mensch sein kannst."

„Ob solche Wünsche je in Erfüllung gehen? Von meiner Mutter habe ich jedenfalls keine Hilfe zu erwarten", sagte Magdalena.

„Ein Kind hat schon manches harte Herz überwunden. Wenn es deinem Kind nicht gelingt, dann kannst du deine Hoffnungen an Gott festmachen", erklärte der Besucher. „Wenn du dich auf die Seite Gottes stellst, wird er dir Menschen an die Seite geben, die dir weiterhelfen."

Magdalena fuhr sich mit der Hand durch die offenen Haare: „Ich habe den Glauben verloren, oder besser gesagt, ich habe ihn abgegeben wie zur Gepäckaufbewahrung. ‚Gott? Das ist Quatsch‘, hat Jochen immer gesagt. Und er hat mir oft vorgehalten: ‚Deine Mutter ist eine gute Christin, sagt sie, sie glaubt an Gott. Aber du darfst nicht nach Hause kommen, weil du mich liebst, weil du mit mir lebst. Der Glaube an Gott ist nur eine Maske für die Frommen. Darunter sind die Menschen alle gleich. Die Religion ist nur ein Vorwand für die Härte und Selbstgerechtigkeit deiner Mutter. Der Glaube macht die Menschen nicht besser, eher schlechter.‘“
„Jochen war sehr verbittert“, erwiderte der Besucher. „Und wenn dann noch Menschen der Botschaft Gottes im Wege stehen, dann ist es verständlich, dass sie von Gott nichts wissen wollen, obwohl sie eine tiefe Sehnsucht nach ihm haben. Alle Menschen haben eine Sehnsucht nach Gott. Die verstecken sie oft hinter ihrer Ablehnung.“
„Es gab wenige Stunden, da Jochen wirklich glücklich war“, überlegte Magdalena. „Aber wenn er glücklich war, hatte er Angst vor dem Unglück. ‚Das Unglück verfolgt mich‘, sagte er oft zu mir, wenn er sich glücklich fühlte.“
„Wann ist der Mensch glücklich?“, fragte der Besucher.
„Das frage ich mich auch“, antwortete Magdalena.
„Eine Mutter ist glücklich, wenn sie ihr Kind geboren hat“, stellte der Besucher fest. „Alle Fragen und Ängste, alle Schmerzen und Sorgen sind dann vergessen.“
Der Besucher schwieg eine Weile, als müsse er überlegen. „Die Menschen sind glücklich, wenn sie eine Antwort auf die wichtigsten Fragen des Lebens gefunden haben. Auf die drei entscheidenden Wirklichkeiten...“
„Drei Wirklichkeiten?“, fragte Magdalena.
„Vielen Menschen geht es um Sex, um Geld und um Macht.“ Der Besucher sagte es wie einer, der nicht von diesen Be-

gierden betroffen war. „Nichts von dem ist schlecht, aber alle drei sind gefährlich."

„Mir geht es um die Liebe", antwortete Magdalena.

„Die Liebe kommt nicht aus der Welt des Menschen; sie kommt aus der Welt Gottes. Deswegen folgt sie auch nicht den Gesetzen dieser Welt. Zwar ist die ‚Liebe stark wie der Tod', doch bloßer Sex, Gier nach Geld und nach Macht können ihre Zartheit zerstören. Das ist der Grund", sagte der Fremde, „dass wir die richtigen Antworten auf die drei Wirklichkeiten finden müssen. Sonst scheitert der Mensch an der Liebe und an sich selbst."

„Jochen hat viel von Liebe gesprochen und doch nur Sex gemeint", sagte Magdalena. „Sonst hätte er mich nicht verlassen; jetzt mit dem Kind."

„Ich vermute eher, Jochen hat ganz einfach Angst gehabt, vor sich, vor den neuen Aufgaben, vor seiner Verantwortung. Deswegen ist er geflohen", erklärte der Besucher. „Wenn er damit fertig geworden ist, kehrt er zurück."

„Meinen Sie wirklich?", fragte Magdalena und ein Hoffnungsschimmer leuchtete in ihren Augen auf: „Meinen Sie wirklich, dass Jochen zurückkommt?"

Der Besucher ging auf die Frage nicht ein, sondern setzte seine begonnenen Gedanken fort: „Sex und Liebe können die Menschen zusammenführen und auseinander bringen; Geld kann zusammengerafft und ausgeteilt werden; Macht kann den Menschen unterdrücken oder ihn entfalten. Das bedeutet, die drei Wirklichkeiten können den Menschen vor Gott verschließen, wenn er sich auf sie allein verlässt; sie können aber auch auf Gott hinweisen und den Weg zu ihm öffnen. Gibt es etwas Schöneres, als Gott für die Lebenslust zu danken, die uns die Liebe schenkt?"

„Es bleibt aber auch viel Bitterkeit", sagte Magdalena. „Die Liebe wurde mir nur kurze Zeit geschenkt. Soll das alles vor-

bei sein? Manchmal fürchte ich, und dann wenden sich mein Groll und meine Enttäuschung weniger gegen Jochen als gegen das Kind, ich werde durch dieses neue Leben blockiert."
„Wenn ihr das Reich Gottes nicht annehmt, wie ihr ein Kind annehmt", sagte der Besucher – mit diesem einen Wort taten sich für Magdalena die Schätze aus ihrer Kindheit auf, die sie im Religionsunterricht gesammelt hatte – „in aller Offenheit und Bereitschaft, dann werdet ihr nicht hineinkommen. Deswegen ist es richtig, zuerst das Reich Gottes zu suchen; alles andere kommt dann wie von selbst hinzu."
„Wie von selbst?", fragte Magdalena. – „Gott ist nicht kleinlich", erklärte der Besucher. „Wenn er in deinem Kind angenommen wird, dann wird er für euch beide zum Segen. Eine wunderschöne Geschichte kann beginnen..."
„Langsam freue ich mich auf dieses, auf mein Kind." Magdalena legte beide Hände auf den dicken Bauch und atmete schwer: „Ich glaube, die Wehen beginnen..."
„Jeder Mensch empfängt von anderen, was er ist", sagte der Besucher und nahm ihre Hand. „Dein Kind hat die große Chance, in ein Leben hineingeboren zu werden, das dir versagt wurde. Worüber du trauerst, das wird ihm zur Freude. Du kannst mit deinem Kind die Kette des Bösen zerbrechen und ganz neu anfangen."
Der Besucher schwieg ein wenig, dann sagte er in einem Ton, den Magdalena nie vergessen würde: „Jesus ist die neue Art zu leben. Seine Art die Welt zu sehen und das Leben zu leben, ist die Alternative, nach der die Menschen heute suchen. Deswegen ist er als Kind Mensch geworden. Wer mit ihm in Beziehung getreten ist, der wird nicht nur innerlich davon erfasst, er wird verwandelt."
„Er wird verwandelt", antwortete die junge Frau voller Hoffnung.

Das Telefon klingelte. Magdalena hob den Hörer ab und lauschte. Ein schnelles Rot überzog ihr Gesicht. „Es ist Jochen, er kommt, er will bei der Geburt seines Kindes dabei sein. Es ist Jochen!“
Magdalena wandte sich an ihren Besucher, doch dessen Platz war leer. „Gott sei Dank!“ und sie wiederholte: „Er will bei der Geburt seines Kindes dabei sein...“

Eine wundersame Melodie

Der Tacho der schweren Maschine zeigte 160, 180, 200 km/h. Die unterbrochene Mittellinie der schnurgeraden Landstraße zog als weiße Linie an dem Motorradfahrer vorüber. Vorsicht! Langsamer! mahnte der Verstand. Schneller! signalisierte das Gefühl aus dem Bauch. Freiheit. Leben. Ein Hochgefühl stieg in dem 21-jährigen auf. Die neue Maschine. Ein tolles Erlebnis. Der erste Tag Urlaub. Das Blut pulste durch seine Adern. Morgen sollte es mit der Freundin nach Spanien gehen. Freiheit. Leben. Das enge Dorf, die ewig gleiche Welt weit hinter sich lassen. Der scharfe Fahrtwind brachte seinem Helm ein leises Singen bei, das seine Hochstimmung noch erhöhte.

Vor der Linkskurve ging er deutlich mit der Geschwindigkeit zurück und legte sich tief zur Seite. Hinein in die Kurve und heraus, die Maschine hochziehen und gleichzeitig kräftig beschleunigen, wie er es gelernt hatte. Der Motor heulte auf.

Da war es schon geschehen. Auf einer Ölspur rutschte das Hinterrad weg. Instinktiv gegensteuern. Doch die Maschine schoss nach rechts in den Graben, bockte auf und schleuderte ihn wie ein Geschoss in hohem Bogen weit über die Wiese. Er hörte noch einen dumpfen Schlag. Ein wilder

Schmerz zerriss seinen ganzen Körper. Dann war Stille. Eine tiefe Stille.

Der Motorradfahrer sah seine Mutter auf sich zukommen. Er streckte seine Hand nach ihr aus. Doch sie bemerkte ihn nicht. „Mutter“, schrie er deshalb. „Mutter, hier bin ich doch! Mutter, hier!“ Die Mutter sah ihn nicht. „Mutter, Mutter“, konnte er schließlich nur noch flüstern. Dann schwanden ihm die Sinne.

Und wieder sah er seine Mutter. Sie saß im Wohnzimmer und hatte eine Kerze angezündet. Er hörte, wie sie betete. Es war das Gebet, das sie von einer Wallfahrt mitgebracht hatte. Sie sprach es jeden Abend laut. Deswegen kannte er es auswendig und er murmelte es mit: „Guter Gott, in deine Vaterhände den Anfang leg' ich und das Ende, vor allem meine Lieben all. Behüte sie in der Gefahr, vor schwerem Unglück sie bewahr'. Und schenk uns dein Erbarmen. Amen.“

Als die Mutter das Gebet beendet hatte, streckte er wieder seine Hände aus und flüsterte mit letzter Kraft: „Mutter, hilf mir doch! Mutter!“ Doch sie hörte ihn nicht. Das Bild, das er ganz deutlich gesehen hatte, erlosch...

Der Motorradfahrer kam wieder zu sich, als jemand ihm den Helm löste und vorsichtig vom Kopf abnahm. Behutsam, fast zärtlich, wischte der Helfer das Blut, das aus seinem Mundwinkel lief, ab.

„Bleib jetzt ganz ruhig, Martin. Sag kein Wort.“ Der unbekannte Helfer hatte seine Jacke zusammengerollt und schob sie dem Verunglückten unter den Kopf. Dann brachte er den jungen Körper sanft in die Seitenlage.

Martin öffnete die Augen: „Wie heißt du?“, fragte er mühsam. – „Kennst du die Geschichte vom barmherzigen Samariter?“ Martin atmete schwer und schloss die Augen: „Ein Mann fiel unter die Räuber ... und blieb halbtot liegen. Halbtot liegen...“

Der barmherzige Samariter streichelte Martins Haar: „Halbtot und doch zum Leben bestimmt. Der Mann in der Geschichte wurde gerettet, weil ein Mensch ihn fand. Martin, du wirst leben, aber du wirst anders leben!"
„Wozu noch?", fragte Martin.
„Keiner hat uns gefragt, ob wir leben wollen", antwortete der barmherzige Samariter und wischte wieder das Blut weg, das immer noch eine dünne Bahn aus dem Mundwinkel zog. „Keiner hat uns gefragt, aber wir leben. Der Sinn unseres Lebens ist, einander zu begegnen. Manchmal kreuzen sich die Wege zweier Menschen so unmittelbar und ausschließlich, dass daraus neues Leben entsteht. Ein solcher Moment ist für uns wichtig wie Leben und Tod."
Martin stöhnte unruhig und wollte sich aufrichten, doch der barmherzige Samariter drückte ihn sanft auf das Jackenpolster zurück. „Wie Tod und Leben?"
„Tod und Leben sind die wahren Abenteuer, die es zu bestehen gilt", antwortete der barmherzige Samariter. „Wir spüren das, wenn ganz plötzlich Unvorhergesehenes, Unerwartetes in unser Leben einbricht, eine Enttäuschung, eine schwere Krankheit, ein bedrohlicher Unfall..."
Er machte eine Pause und sprach dann leise und eindringlich weiter: „All das ist wichtig, um das Abenteuer zu bestehen, das Gott mit uns geplant hat. Zwischen Leben und Tod gehören das Zittern, Bangen und Hoffen, die Spannung und die Lösung dazu. Das alles hilft uns, das Leben neu zu sehen."
Martin lag unter den streichelnden Händen des barmherzigen Samariters ganz ruhig. Sein Gesicht trug nicht mehr die Zeichen des Schmerzes; es sah so aus, als ob der Verunglückte gespannt auf die Worte lausche. „Das Wesentliche unseres Lebens können wir weder planen noch machen. Es wird uns geschenkt", hörte er. „Der Glaube, die Liebe, der Himmel, die Luft..."

„Ohne Risiko kein Leben", sagte Martin mit wiederkehrender Kraft in der Stimme.
„Richtig!", antwortete der barmherzige Samariter. „Ohne Risiko kein Leben, auch kein Glaube. Wer das Risiko scheut, wird vom Alltag überwältigt und lebt dann nicht wirklich."
„Ich glaube, ich habe nie richtig geglaubt", meinte Martin.
„Glauben, das ist Leben. Und dazu bin ich gekommen, damit viele das Leben haben, dass sie es in Fülle haben", sagte der barmherzige Samariter mit großer Eindringlichkeit.
„Viele klammern den Glauben aus ihrem Leben und aus ihrer Liebe aus und versäumen damit den Kontakt zu Gott, der aus dem Leben ewiges Leben machen kann. Wer glaubt, gibt sein einmaliges Leben Gott in die Hände, ohne Wenn und Aber. Dann durchzieht der Glaube wie eine wundersame Melodie das ganze Leben. Eine Melodie, die einen nie mehr loslässt."
Martin versuchte ein Lächeln: „Weißt du, welche Melodie ich jetzt im Kopf habe? ... A-ma-zing gra-ce..."
Der barmherzige Samariter summte die Melodie weiter, die Martin nicht ganz treffsicher begonnen hatte. Der Verunglückte hielt die Augen geschlossen und versuchte mitzusingen: „...how sweet the sound. That saved a wretch like me. I once was lost, but now I'm found. Was blind, but now I see." – „Diese wundersame Melodie", flüsterte Martin.
„Verloren warst du und bist gefunden", antwortete der barmherzige Samariter. „Blind einst, aber jetzt kannst du sehen." – „Hörst du die Melodie?" fragte Martin.
Der barmherzige Samariter lauschte in die Ferne. Das Martinshorn war zu hören; sein Signal kam immer näher.
Da neigte sich der barmherzige Samariter zu Martin nieder und flüsterte ihm ins Ohr: „Ich höre die wundersame, ewige Melodie Gottes, die dir sagt: Ich hab' dich lieb. Du wirst leben, aber du wirst anders leben als bisher."

Zwei Helfer des Roten Kreuzes rannten mit einer Trage über die Wiese auf den Verunglückten zu. Der Notarzt hatte sich bereits über den Motorradfahrer gebeugt: „Ein Wunder, dass er diesen Unfall überlebt hat“, sagte er zu den Sanitätern. „Ein großes Wunder. Anscheinend hat er nicht einmal einen Schock. Der Puls schlägt ruhig und fest. Irgendjemand hat ihn fachgerecht versorgt.“ Der Notarzt sah sich suchend um. „Aber er war doch bei mir“, murmelte Martin, „und hat mir das Leben versprochen, ein ganz anderes Leben als bisher.“ Doch die drei Männer verstanden nicht, was er sagte.

Einladung zur Wende

„Normalerweise nehme ich keine Anhalter mit. Das ist mir viel zu gefährlich.“ Der Mercedesfahrer lenkte sein Auto lässig mit der linken Hand. Mit der anderen machte er eine eindeutige Bewegung an seinem Hals. „Manchem wurde schon die Kehle durchgeschnitten, nur weil die Mafia scharf auf den Wagen war.“ Er sagte genüsslich „Wagen“ wie einer „Villa“ sagen würde.

„Warum haben Sie mich dann an der letzten Raststätte mitgenommen?“, fragte der Anhalter.

„Weiß ich nicht. Vielleicht wollte ich es wieder einmal ausprobieren. Vielleicht fühlte ich mich auch nur allein. Sie sehen nicht gerade gefährlich aus. Eher, mit Verlaub gesagt, harmlos. Was machen Sie beruflich? Halt! Lassen Sie mich raten.“ Der Mercedesfahrer schaute seinen Mitfahrer kurz und auch ein wenig abschätzig von der Seite an: „Vertreter? Ja, Vertreter für Staubsauger und andere Elektroartikel. Stimmt's? Die fallen zur Zeit über den Osten her wie die Versicherungsvertreter.“

„Vertreter? Das ehrt mich. Ich bin so etwas Ähnliches, vielleicht eher ein Botschafter. Ich mache Werbung für eine Idee“, erklärte der Anhalter, „für eine neue Idee, obwohl ich in dieser Branche keineswegs ein Fachmann bin.“

„Also neue Ideen sind immer gut." Der Mercedesfahrer schien ganz in seinem Element. „Wissen Sie, endlich kann ich meine große Idee verwirklichen. Ich stelle in meinem alten Werk Kunststoffteile her – 500 Beschäftigte", sagte er nicht ohne Selbstgefälligkeit. „Jetzt baue ich im Osten einen zweiten Betrieb auf. Ein ganz neues Werk. Alles in meinem Kopf und auf meinem Schreibtisch geplant. Schon in einem halben Jahr produzieren wir einen konkurrenzlosen Artikel – meine Idee!"

Der Mercedesfahrer sah seinen Beifahrer wieder von der Seite an. Der schien von seiner Darstellung nicht sonderlich beeindruckt. Also fragte er ihn: „Und warum wollen Sie in den Osten? Welche neuen Ideen wollen Sie denn loswerden?"

Der Gefragte schwieg. Entweder hatte er die Frage nicht verstanden oder er wollte sie nicht beantworten. Der Mercedesfahrer trommelte mit den Fingern auf dem Lenkrad aus dunklem Holz. Dann schaltete er das Radio ein. Er wählte fünf, sechs Stationen an, war aber mit keinem Programm zufrieden. „Nichts Vernünftiges im Kasten, immer diese schräge Musik", sagte er mehr zu sich selbst: „Ständig dieses Bumm-Bumm, das einem auf die Nerven gehen muss." Und zu seinem Nachbarn: „Also, sagen Sie endlich, was treibt Sie in den deutschen Osten?"

„Ich will den Widerstand ausrufen gegen das, was dort läuft", sagte der Anhalter. „Die Menschen brauchen mehr als Banker, Wirtschaftsexperten und Westwaren, sie brauchen Visionen; sie brauchen eine Zukunft. Das will ich ihnen sagen."

„Ich fürchte, da kommen Sie zu spät. Der Widerstand ist gelaufen. Die Menschen sind frei; sie wollen alles haben, was sie Jahrzehnte nicht bekommen konnten und der Westen zu bieten hatte. Der Lebensstandard wird bald so hoch sein wie bei uns. Da sorgt unsereins schon dafür."

Der Mercedesfahrer klopfte selbstbewusst auf sein Lenkrad. „Sie arbeiten bestimmt bei einer Beratungsfirma? Die schießen drüben wie Pilze aus dem Boden.“
„Ja, beraten will ich; mehr noch, ich will den Menschen einen Plan an die Hand geben, damit sie ihren Weg finden. Das verlangt Neubesinnung, Bereitschaft zur Veränderung, Wandlung. Ich verkünde eine neue Art zu leben.“
„Jetzt verstehe ich endlich, Lebensversicherung!“, sagte der Unternehmer. „Gar keine schlechte Art, die Sache so an den Mann und die Frau zu bringen.“
Der Anhalter wandte sich direkt an den Unternehmer: „Haben Sie Ihr Leben, haben Sie Ihren Weg schon gefunden?“
„Meinen Weg? Ich finde immer einen Weg. Sie sind gut!“ antwortete der Mercedesfahrer eine Spur zu überlegen. Er wollte seine aufkommende Unsicherheit verbergen.
Der Anhalter blieb fest: „Ich meine, ob Sie schon Ihren Lebensweg gefunden haben, der Sie ans Ziel bringt und glücklich werden lässt?“
„Mein Gott, Sie können Fragen stellen“, brummte der Unternehmer. „Ich bin mit meinen Betrieben voll ausgelastet. Erkundigen Sie sich einmal bei meiner Frau und den Kindern. Die kriegen mich kaum noch zu Gesicht. Von wegen 40-Stunden-Woche oder weniger! Und da fragen Sie nach meinem Lebensweg, da fragen Sie nach Glück. Was ist das schon, Glück? Wenn Sie es genau wissen wollen, ich pendle seit Wochen zwischen München und Leipzig hin und her; das sind derzeit meine Wege. Ich bin schon zufrieden, wenn ich nicht in einen Stau gerate und die bürokratischen Hindernisse nicht allzu groß werden.“
„Das kann doch nicht der Sinn Ihres Lebens sein!“
„Sinn des Lebens? Hören Sie. Ich verdiene gut; die Geschäfte laufen prächtig; meine Familie ist versorgt, wir haben mehr Autos zu Hause als Garagen“, stellte der Unternehmer

fest; es sollte ein Scherz sein, aber es klang sarkastisch: „Das ist der Sinn meines Lebens." – „Sie haben bei der Aufzählung Ihre Freundin in Dresden vergessen!"
Überrascht schaute der Unternehmer zur Seite: „Woher wissen Sie? – Ach was, jetzt habe ich mich von Ihnen tatsächlich reinlegen lassen." Er lachte verlegen. „Freundin? Da ist nicht mehr als ein bisschen Sex. Abwechslung und Entspannung braucht jeder Mann in meinem Alter. Eine Selbstbestätigung, mehr nicht!"
„Haben Sie nie mehr gewollt, das bisschen Sex mit inbegriffen?", bohrte der Anhalter weiter.
Der Unternehmer schwieg eine Weile, dann sagte er: „Als Student, da hatte ich noch Illusionen. Die sind mir aber bald vergangen, als ich erst einmal in das Werk meines Vaters eingetreten war und es dann bald ganz übernehmen konnte. Sie wissen doch selber: Mit Illusionen lassen sich keine Geschäfte machen."
„Geht es immer nur um Geschäftemachen?"
Dieser Kerl hat eine Art zu fragen, dachte der Unternehmer. Er bereute es fast, diesen seltsamen Menschen mitgenommen zu haben, der ihn so direkt und ungeniert anging. Andererseits: Wann hatte er je ein solches Gespräch geführt? Meist war er es, der fragte und der klare Antworten verlangte. Jetzt aber...
Deswegen antwortete er verbindlich: „Natürlich geht es nicht nur um Geschäft und Geld; es geht um mehr. Natürlich geht es auch um Glück; aber das habe ich eigentlich immer gehabt. Ich kann mich jedenfalls nicht beklagen."
„Also, um was geht es Ihnen wirklich?", fragte der Anhalter weiter. „Was nützt es dem Menschen, wenn er die ganze Welt gewinnt...?!"
„Sie reden ja wie ein Pfarrer. Natürlich weiß ich, dass es noch etwas anderes im Leben geben muss. Aber dafür ist

noch Zeit. Ich bin jetzt 45! Jetzt gilt es erst mal, den Betrieb auf die Beine zu stellen. Schließlich hängt sehr viel für die Menschen in der Region davon ab, dass wir bald produzieren und verkaufen können."

Der Unternehmer freute sich, dass er seine Unsicherheit und Selbstzweifel hinter dieser menschenfreundlichen Aussage verstecken konnte. Damit musste er doch dem Anhalter imponieren.

„Haben Sie das Gefühl, Sie müssten sich vor mir rechtfertigen?"

Die Frage saß. Der Unternehmer merkte, wie seine Selbstsicherheit mehr und mehr zerbröckelte. Hatte er nicht oft, wenn er unterwegs war zwischen Osten und Westen, vor allem, wenn er im Stau stand, zum Autotelefon gegriffen und überflüssige Gespräche geführt, nur damit er nicht nachdenken musste? Jeder Leerlauf machte ihn unsicher, weil er dann in der Gefahr war, über sich und sein Leben nachzudenken. Immer brauchte er Betriebsamkeit, Hektik, Ablenkungen von außen, um das Innen, um die bohrenden Fragen zum Schweigen zu bringen. Was wusste dieser merkwürdige Mensch alles von ihm?

„Irgendwann bohrt sich die innere Stimme durch", sagte der Anhalter, als könne er Gedanken lesen. „Gerade dann, wenn wir auf die innere Stimme am wenigsten hören möchten, sagt sie uns auf nachdrückliche Weise, dass wir das Wichtigste versäumen."

Der Mann am Lenkrad atmete tief und nahm den Fuß etwas vom Gaspedal: „Wenn ich ehrlich bin, ich bin es mir gegenüber selten, dann muss ich gestehen, dass ich nicht gerade glücklich bin. Ich habe alles", fügte er fast ein wenig zu schnell hinzu, „aber es macht mich nicht zufrieden. Wenn mein 12- oder 14-Stunden-Tag vorbei ist, dann kommt die ganze Leere. Da kann mir nicht einmal meine Freundin helfen, wenn Sie das hören wollen." Er sagte das voller Resignation.

„Dann fang doch ganz neu an!" Im Ton des Anhalters lag jetzt eine deutliche Bestimmtheit und sein Gastgeber konnte nicht anders, als diese direkte Art anzunehmen. Nicht einmal das unvermittelte „Du" störte ihn:

„Bislang hast du immer nur die Erwartungen erfüllt, die an dich gestellt wurden. Du hast getan, was andere für wichtig und für richtig hielten. Du hast nicht wirklich gelebt; du bist gelebt worden. Du hast auch noch nicht wirklich geliebt. Die Menschen sind für dich nur ein Alibi. Wie lange noch willst du das durchhalten? Bis zum ersten Herzinfarkt?"

Der Mercedesfahrer griff ganz unbewusst an seine Herzgegend. Die spontane Körpersprache verriet dem Anhalter die Schwäche und die unbewussten Ängste des Unternehmers. Er beugte sich zu ihm hinüber und berührte leicht seine Schulter: „Ja, denk jetzt ruhig an dein Herz. Es geht darum, dass du wirklich an dich denkst. Die Wahrheit wird dich frei machen. Die Wahrheit über dich, die du ständig totschlägst mit Betriebsamkeit und den angeblichen Erfolgen."

„Was mache ich denn so falsch? Ist es nicht gut, zweimal 500 Menschen mit ihren Familien Arbeit und damit Brot zu geben? In einem Land mit hoher Arbeitslosigkeit! Das gibt doch auch Sinn; für tausend Menschen jedenfalls, und es sind mehr als tausend, die von mir abhängig sind!"

Der Anhalter antwortete: „Das meine ich gar nicht. Du tust das alles nur scheinbar für andere; in Wirklichkeit tust du es für dich selbst, ohne dass du etwas davon hast. Deswegen bleibt es ohne Wert und du verkümmerst nur dabei. Du lebst nur wie in einem einzigen Zimmer; das ist dein Betrieb. Gott hat dir aber viele Räume angeboten, die du beleben sollst. Es ist an der Zeit, sie so einzurichten, dass du Freude daran hast und dass du überleben kannst."

„Also müsste ich ganz von vorne anfangen?“ Die Frage kam ziemlich unsicher; aber sie ließ die ganze innere Bewegung erkennen, die der Mann am Lenkrad bei einer Geschwindigkeit von 140 Stundenkilometern durchmachte.
„Nein“, erwiderte sein Gesprächspartner. „Der Weg nach innen erfordert nichts anderes als eine Wende. Eine Wende, die die Menschen in dem Land, in das wir fahren, vor Jahren politisch vollzogen haben. Die wirkliche Wende, die Wende zum Menschen, hat ihnen niemand gezeigt. Die Wende muss dich zu dir führen. Du brauchst endlich die Bekehrung zu dir selbst. Dort wirst du etwas von dir finden, das schon lange auf dich wartet.“
„Da kommt eine Raststätte.“ Der Unternehmer wies mit der Hand auf das einladende blaue Schild. „Wir könnten eine Tasse Kaffee miteinander trinken.“

„Weißt du“, der Unternehmer setzte beim Kaffee das lange unterbrochene Gespräch fort und hatte wie selbstverständlich ebenfalls zum vertraulichen „Du“ gefunden, „weißt du, ich beginne an mir zu zweifeln und fühle mich dabei dennoch irgendwie wohl. Es ist ein Gefühl, das ich lange nicht mehr so gespürt habe.“
„Dann wird es gut. Du hast bisher deine wahren Gefühle und Wünsche nur verdrängt. Die Neubesinnung beginnt dort, wo du dir bewusst erlaubst, du selbst zu sein. Deswegen ist es kein Unglück, wenn du in Zweifel gerätst. Bislang hast du deine Krisen immer nur durch Arbeit und nochmal Arbeit beiseite geschoben. Doch du selbst hast den Vorrang vor allem anderen!“
Der Unternehmer rührte nachdenklich in seinem Kaffee: „Ich habe den Vorrang vor allem anderen.“
Er bemerkte es zunächst gar nicht, dass er nur noch allein am Tisch saß. Hatte er geträumt? Nein, ihn erfüllte eine un-

geahnte Freude, die er schon lange nicht mehr – oder überhaupt noch nie? – erfahren hatte. Eine Freude, eine Lust auf Leben.

Diese Freude musste von diesem seltsamen Menschen auf ihn übergesprungen sein: Eine Freude, die ihn bis in seine tiefsten Tiefen erfüllte: Neu anfangen.

Ein Schatten wirft Licht

„Erst wenn ich tot bin, hat die ganze Scham ein Ende!“ Die bitteren Worte sagte der junge Farbige völlig unvermittelt zu dem Gast, der mit ihm am gleichen Tisch Platz genommen hatte. Der wollte gerade sein Glas erheben, um seinem jungen Gegenüber zuzuprosten. Der junge Mann fügte hinzu, und es war fast kein Ton in seiner Stimme: „Aber wenn ich erst einmal tot bin...“

„Was ist dann?“, fragte der Fremde. „Was ist, wenn du erst einmal tot bist?“

Der Junge mit dem dunklen Kraushaar und den etwas dickeren Lippen zuckte mit den Achseln: „Ich weiß nicht, was dann ist. Aber eines hoffe ich, die anderen werden sich schämen müssen, wenn ich erst einmal tot bin.“ Er wiederholte den Satz wie eine Formel, die er sich nach vielen inneren Kämpfen eingeprägt hatte, damit er überleben konnte.

„Sie werden sich nach deinem Tod schämen müssen, weil sie so mit dir umgegangen sind?“ Der Fremde legte seine Hand freundschaftlich auf die des jungen Mannes: „Kennst du deinen Vater?“

Der Farbige zuckte wieder mit den Schultern. „Der ist in die Staaten abgehauen, kurz vor meiner Geburt. Das war vor zwanzig Jahren. Ich bin bei den Großeltern aufgewachsen,

weil meine Mutter arbeiten musste. ‚Nein, so eine Schande!', das war das Lieblingswort meiner Großmutter. Sie gebrauchte diesen Satz immer, wenn etwas daneben ging. Und bei mir ging oft etwas daneben. Es gab immer etwas, worüber ich mich zu schämen hatte. Und wenn ich nichts angestellt hatte, musste ich mich schämen, weil ich nicht so aussah wie die anderen. Nur Großvater sagte ab und zu: ‚Lass doch den Jungen!' Aber helfen konnte er mir nicht."
Der Fremde hörte dem Mischlingsjungen aufmerksam zu.
„Im Kindergarten musste ich mich schämen – ich weiß gar nicht mehr warum – und oft auf dem Gang vor den Toiletten allein spielen. Das war für mich die schlimmste Strafe. Als in der 3. Klasse der Grundschule Geld aus der Klassenkasse verschwunden war, konnte nur ich es gewesen sein. Weil ich nicht zugeben wollte, was ich nicht getan hatte, schämte sich die ganze Klasse für mich, behauptete die Lehrerin. So ging es immer weiter. In der Hauptschule schämte ich mich, weil schon alle eine Freundin hatten, nur ich nicht. Ich könnte Ihnen noch viel erzählen."
„Und jetzt?", fragte der Fremde.
„Was jetzt? Seit Wochen gehe ich jeden Tag nach der Arbeit auf dem Bau in das Café da gegenüber" – er deutete mit dem Daumen in die Richtung. „Ich sehe Anja gerne, die dort in der zweiten Schicht bedient. Ich habe noch kaum ein Wort mit ihr gesprochen. Ich traue mich nicht, weil ich nicht schon wieder enttäuscht werden will. Aber ich glaube, sie mag mich. Ich trinke meine Cola und sehe sie an, und dann gehe ich wieder. Das ist alles.
Heute hat mich ihre Chefin rausgeworfen. Ich sei eine Schande für ihr Geschäft, hat sie gesagt. Ich solle mich schämen, ihre Bedienung immer so unverschämt anzustarren! Ich solle mich nie mehr blicken lassen. So einer wie ich. Es gibt Augenblicke wie diesen, da möchte ich am liebsten

mein Leben ungeschehen machen. Ich schäme mich, dass ich lebe!"

„Ja, die Scham gehört zur Nachtseite unseres Lebens", sagte der Fremde nach einiger Zeit der Stille: „Aber sie ist wichtig."

Nachdem er bedächtig einen Schluck Bier getrunken hatte, fuhr der Fremde so mit seinen Gedanken fort, als spreche er nur zu sich selbst: „Die Scham setzt sich ganz tief an unsere Seele fest. Denn sie gehört zu unserem Innersten. Wie ein Film legt sie sich über die Zartheit unserer Seele, dass sie nicht verletzt werden kann. Die Scham ist ein Schatz, der ganz allein uns gehört."

Der Fremde machte eine Pause.

„Wenn aber andere uns ständig niedermachen, dann werden wir ganz klein, dann wird es dunkel in uns, dann möchten wir in den Boden versinken und wie begraben sein. Dann zieht die Scham den Tod wie einen Bruder an."

„Dann sagst du auch, Entschuldigung!" – der junge Mann war über seine vertrauliche Anrede erschrocken, aber er fühlte sich wie noch nie in seinem Leben verstanden – „dann sagen Sie auch, dass nur der Tod die Scham beendet?"

„Du kannst ‚du' zu mir sagen, Kevin!"

„Woher kennen Sie, woher kennst du meinen Namen?"

Der Fremde lächelte nur und erhob wieder sein Glas. Kevin trank seine Cola hastig leer.

„Ein Mensch, der sich schämen kann, beweist, dass er Gefühle hat. Gefühle sind selten in unserer Zeit. Du hast zwar keinen Grund, Kevin, dich von anderen beschämen zu lassen. Aber die Scham ist wichtig für unser Leben. Sie ist wie der Schatten, den das Licht wirft. Licht und Schatten gehören nun mal in unserem Leben ganz eng zusammen."

„Ich verstehe dich nicht", warf der Junge ein. „Denn es tut weh, sehr weh!"

„Und wie es weh tun kann! Die Scham zählt zu unseren empfindlichen Schwächen. Es tut immer weh, wenn Blößen und Schwächen offengelegt werden. Aber, Kevin, nur wer es gelernt hat, zu seinen Schwächen zu stehen und sie auch zu zeigen, wer sie nicht überspielt, wird ein offener und ein liebenswerter Mensch. Nur von offenen Menschen kann Licht ausgehen. Ein Licht, das dann auch Anja sieht. Wer sich ständig versteckt, wird am Ende heimtückisch und hinterhältig; das möchte ich dir ersparen."

„Warum tun dann die Menschen alles, damit andere sich schämen müssen? Sie machen mich fertig. Sie gönnen mir nichts. Ich bin für sie ein Niemand. Nur weil ich keinen Vater habe. Meine Mutter nennen sie eine Hure und mich den Nigger."

„Wer andere beschämt, muss sich selbst behaupten. Insgeheim weiß jeder, dass er klein ist. Deswegen will er sich auf Kosten anderer groß machen. Er hält es nicht aus, sich klein zu fühlen. Bevor ihn andere zertreten, macht er andere klein."

Der Fremde drehte den Bierdeckel in seiner Hand. „Wer andere beschämt, will eine bessere Rolle spielen. Er will wegen seiner Schwäche Macht über andere ausüben. Aber dazu ist der Mensch nicht von Gott geschaffen. Die Menschen begreifen ganz einfach nicht, was es heißt, Mensch zu sein."

„Du redest von Gott, als wüsstest du mehr von ihm."

„Wir wissen alle sehr viel von Gott." Der Fremde lächelte erfahren. „Aber viele vergraben ihren Glauben und ihre Hoffnungen. Sie meinen, sie müssten sich schämen, wenn sie von Gott in ihrem Leben erzählen. Wer wirklich an Gott glaubt, der kann nicht schweigen. Du siehst, die Scham kann uns manchmal auch falsche Wege zeigen."

„Du führst mich ganz schön von meinem Problem weg", sagte Kevin. „Für mich ist Anja wie der liebe Gott. Manch-

mal ganz nah und dann wieder unerreichbar. Muss ich mich dafür auch schämen, dass sie mir mehr bedeutet als jeder andere Mensch; mehr sogar als meine Mutter?"
„Gott ist uns in Menschen nahe; wenn wir sie lieb haben, dann besonders", erwiderte der Fremde. „Einen Menschen lieben und an Gott glauben, das ist fast dasselbe. Das setzt viel Vertrauen voraus. Wer liebt, wer vertraut, der kann endlich seine Schwäche und seine Blößen zeigen. Er kann das falsche Versteckspiel aufgeben. Liebende sind wie nackt voreinander und sie brauchen sich dessen nicht zu schämen."
„Dann hat mit der Liebe die Scham ein Ende?", fragte Kevin ohne Atem. „Und wenn ich jetzt wieder in meiner Liebe betrogen werde? Wenn ich wieder allein dastehe wie so oft? Es ist schön, dir zuzuhören, wenn du von der Liebe und von Gott sprichst. Doch wenn ich an meine Enttäuschungen denke, wird es mir schwer, dir zu glauben."
„Gut, Kevin, ich sage es dir noch einmal: Ohne Scham verkümmert ein Mensch. Ohne Liebe verkümmert der Mensch auch. Es kommt nicht darauf an, dass andere dich klein machen; sie werden nicht glücklich damit. Du aber kannst glücklich werden, wenn du dafür sorgst, dass die Scham dich und deine Liebe vor der Neugierde und der Überheblichkeit der anderen schützt. Dein Leben ist wichtig. Deine Liebe ist es wert."
„Ich weiß nicht", fragte Kevin zögernd. „Was bedeutet das alles für mein Leben?"
„Weißt du, Scham hat mit Ehrfurcht zu tun. Mit Ehrfurcht vor allem, was es in dieser Welt gibt. Ehrfurcht vor dem Leben ist das wichtigste. Weil Gott alles gemacht hat, hat unsere Ehrfurcht vor allem mit ihm zu tun. Gott sieht nicht auf die Hautfarbe; er sieht tiefer. Vor ihm sind alle Menschen gleich. Das gibt uns einen Wert. Ein Mensch, der uns lieb

hat, gibt uns einen besonderen Wert. Er zeigt uns, dass wir liebenswert sind. Und wir können zeigen, dass der andere für uns einen Wert hat."

„Wie Anja?", fragte Kevin.

„Ja, wie deine Anja."

Der Fremde trank sein Bier aus: „In den wichtigsten Stunden unseres Lebens, in einem Gefühl der Freude und des Glücks, in der Liebe und im Tod brauchen wir Schutz. Das Glück wie die Liebe sind furchtbar zerbrechlich. Die Scham ist der Schutz für beide. Die Menschen haben das vergessen."

Der Fremde sagte es so, als gehöre er nicht dazu. „Wer diese gefährdeten Räume verletzt, ist schamlos. Es sollte deine große Sorge sein, dir einen eigenen Raum zu schaffen, den du nur mit jenem Menschen teiltst, den du lieb hast und der dich liebt. Dann brauchst du dich nie mehr vor anderen zu schämen..."

„Anja!" Die Augen des Farbigen leuchteten auf.

„Ich bin mit meiner Arbeit früher fertig geworden, Kevin", sagte das Mädchen, das unbemerkt von dem Fremden an den Tisch getreten war. „Ich dachte, wir könnten zusammen noch eine Pizza essen? Wer ist denn das?"

Anja fragte ein wenig lauter als sie es wollte und deutete auf den Fremden.

„Er ist wie ein guter Freund", sagte Kevin zu Anja. Doch als er sich von dem Fremden verabschieden wollte, war er nicht mehr zu sehen. Da nahm Kevin bewusst sein Glück an der Hand und ging.

Loslassen führt zusammen

„Jetzt gerate doch nicht gleich in Panik, Irina, nur weil ich mit den Fußballern ein paar Tage weg will“, sagte Stefan und versuchte seine Freundin zu streicheln. „Bisher bin ich jedes Jahr mit der Mannschaft zu Freundschaftsspielen und Turnieren gefahren. Ich weiß gar nicht, was mit dir auf einmal los ist.“

Irina entzog sich ihm. „Im letzten Jahr bist du zu Hause geblieben“, schmollte sie. „Du liebst mich nicht mehr.“

„Spiel' jetzt nicht verrückt!“ Stefan reagierte heftiger als er es eigentlich wollte. „Wie oft soll ich dir noch sagen, dass ich dich lieb habe? Der Sport hat mit unserer Liebe gar nichts zu tun. Ich will und kann die Kumpels nicht im Stich lassen; aber ich freue mich auch auf die Gemeinschaft mit ihnen. Das will ich gar nicht verschweigen.“

„Gib es doch zu, dass du das Wochenende lieber mit den Fußballern verbringst als mit mir“, forderte ihn Irina mit deutlicher Zornesröte im Gesicht heraus. „Für den Verein tust du doch alles! Und ich komme erst an zweiter Stelle.“

„Wenn du es genau wissen willst, ja!“ antwortete Stefan gereizt. Er bereute diesen Satz zwar sofort; aber sein Ärger war so groß, dass er die Behauptung nicht zurücknahm. „Immer machst du Ärger, wenn es um meine Kameraden geht; immer

hast du an ihnen etwas auszusetzen. Du spielst dich nur auf." Irina war blass geworden und sie schaute sich nach der Bedienung um; sie wollte zahlen und das Sportheim verlassen. Nie wieder würde sie hierher kommen. Das also war das Ende einer Liebe, die nicht einmal zwei Jahre gedauert hatte.
In diesem Augenblick fragte ein sportlicher Typ, Mitte Dreißig, ob er sich zu ihnen an den Tisch setzen dürfe.
„Irina", sagte Stefan in versöhnlichem Ton, „ich glaube, das ist der neue Trainer unserer A-Mannschaft. Er wird dir erklären können, warum bei unserer Fahrt die Frauen und Freundinnen nicht mitkommen können. Komm, bleib! Sei doch vernünftig."
Der Sportliche, der in seiner schwarzen Hose und dem schwarzweißen T-Shirt fast wie ein Schiedsrichter aussah, setzte sich an den Tisch. Ohne jede Einleitung sagte er: „Es muss nicht sein, dass eine Freundschaft schon bei der ersten Krise scheitert. Ihr müsst es lernen, mit euren Wünschen und Bedürfnissen anders umzugehen."
Stefan wollte sich die Einmischung verbitten, doch der andere legte begütigend die Hand auf seinen Arm. „Nur ruhig, mein Lieber, hör mir erst einmal zu: Euer Verhältnis ist an einem wichtigen Punkt angekommen. Jetzt muss es sich beweisen, ob ihr euch so liebt, dass ihr auch gegensätzliche Wünsche und eine zeitweilige Trennung verkraften könnt."
„Das ist es ja, was mir Irina nicht abnehmen will", warf Stefan ein, der sich darüber wunderte, dass der Typ offenbar einiges über ihre Partnerschaft wusste. „Sie ist auf meine Kumpels eifersüchtig, nur weil ich mit ihnen zum Turnier drei Tage zusammen sein will. Sie versteht ganz einfach nicht..."
„Eifersüchtig?! Dass ich nicht lache! Ich werde auf diese drittklassigen Fußballer eifersüchtig sein!" Irina reagierte trotzig. „Die und der ganze Verein sind dir wichtiger als ich. Das ist es. Und das mache ich nicht mehr länger mit!"

„Eifersucht ist immer ein Zeichen von Angst", erklärte der Fremde. „Es darf uns nicht gleichgültig lassen, wenn der andere uns verlässt, und wäre es nur auf Zeit. Dennoch muss sich gerade jetzt zeigen, ob ihr einander vertraut. Deswegen muss in dieser Phase eurer Liebe das Loslassen gelernt werden", wandte er sich direkt an Irina. „Die Harmonie des Anfangs kann nicht für immer bestehen. Das wäre eine Liebe im Sonntagsstaat, die den Alltag nicht aushalten kann."

„Ja, ich habe Angst", flüsterte Irina, die nicht wollte, dass andere mithörten. „Ich habe große Angst, Stefan zu verlieren. Verstehen Sie?"

„Warum sagst du es mir dann nicht?" fragte Stefan und rückte näher an seine Freundin heran, so dass sie nun gemeinsam dem Fremden gegenübersaßen: „Du brauchst doch keine Angst zu haben! Ich verlasse dich nicht."

„Du müsstest es wissen, dass ich Angst habe. Oder du liebst mich nicht." Irina hatte ihren Ärger noch nicht vergessen. „Ich möchte nie mehr allein sein. Hörst du? Nie mehr!"

„Ich bin immer wieder erstaunt, wie wenig sich Verliebte wirklich anvertrauen." Der Fremde wollte es nicht zu einer unfruchtbaren Auseinandersetzung zwischen den beiden kommen lassen; deswegen übernahm er wieder das Gespräch: „Viele Paare reden so wenig miteinander, dass sie sich am Ende nichts mehr zu sagen haben. Über das Leben reden und sich die Liebe zeigen, das gehört zusammen, damit bei den Worten auch die Gefühle mitschwingen dürfen, die der andere hat. Erst wenn ihr euch ganz offen mitteilen könnt, was ihr euch wünscht und ersehnt, dann wird euer Miteinander eindeutig und die Ängste verschwinden. Sie haben dann keine Grundlage mehr."

„Irina bringt es einfach nicht zusammen, dass ich sie liebe, mir aber auch der Sport und die Kameraden viel bedeuten", sagte Stefan und rückte noch ein wenig näher an sie heran.

„Es gab eine Zeit, da bedeutete ich dir alles. Wir waren ständig beisammen. Du hast es mir immer wieder gesagt, dass du mich lieb hast." Irina hatte ein Zittern in ihrer Stimme. „Diese Zeit ist offenbar vorbei."

Stefan zuckte mit den Achseln und wandte sich an den Fremden. „Verstehen Sie, was mit ihr los ist? Ich kann tun und sagen, was ich will. Es hat keinen Sinn. Sie weiß doch, dass ich sie liebe; dass sie mir alles bedeutet. Aber sie begreift es nicht; sie glaubt es mir nicht."

Der Fremde lächelte ein wenig: „Euch beiden fehlt nichts als ein wenig Einsicht. Die Liebe ist gar nicht so einfach, wie das in der ersten Begeisterung füreinander erscheint. Am Anfang ist alles Harmonie. Jede Begegnung scheint diese Harmonie noch zu steigern. Aber wie können zwei grundverschiedene Menschen diese Harmonie auf Dauer durchhalten, ohne sich selber zu verlieren und damit unzufrieden zu werden? Die Liebe hat ihre eigenen Gesetze. Eines davon lautet: Die Liebe braucht Freiheit; bei aller Bindung und Verantwortung braucht sie Freiheit. Wer festgehalten wird, sehnt sich nach Trennung; nur wer losgelassen wird, kann mit großer Sehnsucht zurückkehren. Also: Die Liebe darf euch nicht abhängig machen; sie darf den anderen nicht fesseln und einsperren."

Stefan war neugierig geworden und beugte sich über den Tisch: „Sie meinen, das sei ganz normal, was jetzt zwischen mir und Irina ist? Wenn ich ehrlich bin, habe ich in der letzten Zeit manchmal daran gedacht, dass es mit uns zwei so nicht weitergehen kann. Ich habe sogar schon an Trennung gedacht, obwohl ich ohne Irina nicht leben kann."

„Ganz am Anfang einer Liebe ist der Wunsch groß, nur mit dem geliebten Menschen zusammen zu sein; am liebsten bei Tag und bei Nacht. Verliebte können sich nicht vorstellen, dass es bald wieder auch den Wunsch nach Alleinsein, nach

Trennung, nach Begegnung mit anderen Menschen geben könne. Ja, es ist ganz normal, dass die Partner sich auf sich selbst besinnen und auf Freunde und Freundinnen, die einem viel bedeuten. Anders kann die Liebe gar nicht reifen."
Der Fremde hatte noch immer sein gewinnendes Lächeln im Gesicht: „Euere Schwierigkeit ist es, dass solche Gedanken und Einsichten nicht gleichzeitig kommen. Irina ist noch voller Sehnsucht nach Harmonie und Zweisamkeit; Stefan ist schon einen Schritt weiter; er denkt an Lösung und Trennung, ohne deswegen seine Partnerschaft aufzukündigen. Das ist eigentlich ein Zeichen dafür, dass die Beziehung lebt und die Partner sich weiterentwickeln. Sie verlieren sich nicht; sie gewinnen."
„Genau so ist es", freute sich Stefan. „Ich will mich nicht von Irina trennen. Ich will nur drei Tage weg. Ohne Vorwürfe. Ohne ein schlechtes Gewissen haben zu müssen. Ich freue mich auf meine Freunde und auf das Spiel. Ich freue mich auf meine Freundin und auf das Zusammensein mit ihr. Das passt doch zusammen? Anfangs war ich auch erschrocken, als ich solche Wünsche in mir verspürte."
„Die Liebe kommt zu ihrer reiferen Form", sagte der Fremde ernst: „Die Partner lernen es, sich freizugeben, um sich wiederzufinden. Das bedeutet aber zugleich, dass eine gewisse Enttäuschung nach der ersten wunderschönen Phase der Verliebtheit unausweichlich ist. Diese Enttäuschung führt dazu, um die Weiterentwicklung des Partners besorgt zu sein. Der andere soll schließlich nicht an meiner Seite verkümmern. Gerade das will die Liebe nicht. Ihr müsst es lernen, einander loszulassen; das ist eure Chance."
Der Fremde wandte sich an Irina: „Es ist deine Chance, aus eurer Verliebtheit wirkliche Liebe wachsen zu lassen. Sich gegenseitig loslassen zu können ist jene Form des Vertrauens, die für eure Partnerschaft wichtig ist. Das Vertrauen ist

zwar immer ein Risiko; aber nur wer dem anderen Vertrauen schenkt, kann sich ihm anvertrauen. Worte wie ‚wenn du mich liebst, dann...' sind gefährlich. Sie zeigen, dass es noch kein Vertrauen gibt. Wer Beweise braucht, hat kein Vertrauen. Wer den anderen mit Forderungen erpresst, zeigt, dass er nur an sich und seine Ängste denkt."
Der Fremde machte eine kleine Pause, damit die beiden nachdenken konnten.
„Vertrauen lässt sich auch nicht verdienen", fuhr er nach einiger Zeit fort. „Vertrauen ist ein Geschenk ohne jede Garantie. Wer Vertrauen verschenken kann trotz mancher Enttäuschungen, zeigt seine Offenheit und wird um so liebenswerter."
Alle drei schwiegen wieder. Stefan suchte die Hand seiner Freundin. Diesmal zog sie diese nicht zurück.
Der Fremde zeigte wieder sein überzeugendes Lächeln: „Es gibt drei Weisen des Erkennens für Liebende. Ihr liebt euch mit Haut und Haaren; diese leidenschaftliche Liebe hat euch vor zwei Jahren am Rande des Fußballplatzes wie ein Blitz getroffen und euch zusammengebracht..."
Eine schnelle Röte überzog das Gesicht von Irina.
„Seither hat eure Liebe immer etwas mit dem Sport zu tun, auch wenn das Irina noch anders sieht...
...dann gibt es das Gefühl, das tief in uns hineinreicht und oft so schwer mit dem dritten, der Vernunft zusammenzubringen ist. Liebe ist nicht nur eine Sache des Gefühls, wie oft behauptet wird. Die Vernunft gehört zur Liebe dazu. Gefühle können sich verbrauchen; die Leidenschaft kann über Nacht kommen und über Tag vergehen; andererseits, die Vernunft kann alles sehr einseitig betrachten. Deswegen gehören alle drei, die Leidenschaft, das Gefühl und der Verstand zusammen. Sie stützen die Liebe und helfen ihr, Krisen zu überwinden."

„Ich bin der Verstand und Irina ist das Gefühl", meinte Stefan. „Das macht es uns in der letzten Zeit so schwer miteinander."

Irina lächelte zum ersten Male: „Ich glaube, Stefan, du bist eher die Leidenschaft!"

Stefan wurde vor dem Fremden sichtlich verlegen; dennoch nahm er seine Freundin fest in die Arme.

„Wir suchen immer im anderen, was uns noch fehlt. Das Schöne an der Liebe ist, dass wir das, was in uns ist, auch im anderen wieder finden", sagte der Fremde. „Es ist viel von uns Männern in den Frauen; es gibt viele unentdeckte weibliche Seiten in den Männern. Schließlich sind erst Mann und Frau zusammen der ganze Mensch. Und in beiden, gleichermaßen in Mann und Frau finden sich die Spuren Gottes."

Nach einer kleinen Pause fuhr er fort: „Deswegen greifen wir mit unserer Liebe weit über diese Welt hinaus. Mit unserer Liebe haben wir die Spur Gottes aufgenommen. Habt ihr schon einmal über den schönen Satz nachgedacht, der in der Bibel steht: ‚Gott ist Liebe'?"

Der Fremde sah Irina und Stefan mit spürbarer Zärtlichkeit an: „Glaubt mir, eure Liebe hat mit Gott zu tun. Das vergessen viele und wundern sich dann, wenn sie am Ende nichts mehr mit sich zu tun haben. Alles, was ihr aus Liebe tut, hat mit Gott zu tun. Alles, was ihr aus Liebe lasst, wird er euch ersetzen. Euch wird nichts fehlen, wenn ihr euch liebt. Denn die Liebe, die von Gott kommt, hat viele schöne Geschenke bereit. Das schönste ist die Vergebung. Wenn ihr euch versöhnt, dann handelt ihr ein wenig wie Gott. Gott lässt euch von vorne anfangen."

Der Fremde schmunzelte: „Von vorne anfangen, wie damals auf dem Fußballplatz!"

Stefan nahm Irina in die Arme und küsste sie: „Ich hab' dich wahnsinnig lieb!"

Als sie aufschauten, saßen sie allein. Irina antwortete mit Tränen in den Augen: „Stefan, ich schenk' dir mein Vertrauen; halte mich ganz fest, wenn ich das je vergessen sollte."

Mit leeren Händen zu Gott

Die alte Frau versuchte, sich ein wenig in ihrem Rollstuhl aufzurichten. Das bereitete ihr sichtlich Mühe. Dann streckte sie, wie es Sehbehinderte tun, ihre Hand in die Richtung, aus der sie das Geräusch gehört hatte:
„Ich freue mich, dass Sie mich wieder besuchen. Sie bringen wenigstens immer ein bisschen Zeit mit. Die Schwestern sind so überlastet. Zeit, das ist für mich das schönste Geschenk, das einer mitbringen kann. Sie haben doch heute ein wenig Zeit für mich?"
Der Besucher reichte ihr seine Hand, sagte aber zunächst nichts. Er wollte den Irrtum, dass er ein Bekannter sei, nicht vorzeitig aufklären und damit die alte Dame, die sich so freute, enttäuschen.
Er zog er einen Stuhl an den kleinen, runden Tisch heran, auf dem aufgeschlagen ein Buch in Großdruck und eine Lupe lagen.
„Sogar die Lupe reicht jetzt nicht mehr aus", klagte die alte Frau, „vor allem, wenn das Licht so schlecht ist wie heute morgen. Wenn ich nicht lesen kann, ist die Zeit zwischen Bett und Rollstuhl noch viel länger als sonst. Die Tage tröpfeln dahin und ich werde immer leerer. Die Welt bleibt draußen. Wie gerne habe ich immer gelesen!"

„Aber es ist viel von der schönen Welt in uns“, sagte der Besucher: „Durch unsere Erinnerung haben wir daran teil. Deswegen sollten wir die Erinnerungen feiern, die Erinnerung an liebe Menschen, an schöne Erfahrungen, an erholsame Urlaubstage, an bestandene Prüfungen.“
„Es ist wahr: Wir leben aus der Erinnerung“, antwortete ein wenig nachdenklich die alte Dame. „Es ist besser, aus der Erinnerung zu leben als aus der Vergangenheit.“
„Ja, die Vergangenheit ist tot; sie ist nicht mehr zu ändern. Die Erinnerung macht die Menschen und Ereignisse, die für uns wichtig waren, wieder lebendig. Das Gedenken lässt uns wieder und wieder aufzählen, was gut und wichtig für unser Leben war.“
Die alte Dame griff mit ihren beiden Händen in die Richtung des Besuchers: „Sagen Sie, wozu ist ein Mensch, der sich nur noch erinnern kann, überhaupt nützlich. Ich bin für alle nur noch eine Last.“
Der Besucher streichelte ihre welken Hände: „Jeder Mensch hat eine Aufgabe, Frau Egner, und wenn er zur Aufgabe für andere wird. Erst müssen wir unsere Hausaufgaben machen, dann werden wir für andere zur Hausaufgabe. Jeder soll das, was er zu tun hat, gut machen. Auch das Alter gehört dazu. Das Alter ist eine Aufgabe.“
„Das haben Sie schön gesagt. Manchmal sehe ich das Alter als eine Last. Die Schwestern hier freuen sich über jeden Handgriff, den ich ihnen noch abnehmen kann. Habe ich Ihnen schon gesagt, dass ich nächste Woche 85 werde?“
„Ihren Händen sieht man es an; Sie haben viel gearbeitet!“ sagte der Besucher. „Aber Ihr Gesicht, vor allem Ihr Geist sind jung und beweglich geblieben.“
„Danke.“ Eine zarte Röte überzog die Wangen der Alten. „Sie merken, ich kann mich über ein Kompliment noch freuen.“

Nach einer längeren Pause fuhr sie fort: „85 Jahre! Viel Freude bleibt mir nicht mehr in meinem Leben. Ich habe den Mann verloren, als die Kinder noch klein waren. Der Sohn kam kurz nach seinem Abitur bei einem Verkehrsunfall ums Leben. Die beiden Töchter sind in Amerika verheiratet. Da bleibt nur das Telefon, und vielleicht einmal im Jahr…?"
Frau Egner schob Buch und Lupe an den Rand des Tischchens. „Manchmal habe ich das Gefühl, es war alles umsonst, was ich geplant, getan und erlebt und erlitten habe. Das macht mich so trostlos. Muss das Alter wirklich so sein?"
„Nichts in Ihrem Leben ist umsonst gewesen", tröstete der Besucher: „Gott ist treu. Wussten Sie, dass Trost und Treue auf das gleiche Wort zurückgehen? Weil Gott treu ist, kann er nichts vergessen. Es bleibt in seinem Gedenken und wird lebendig und wertvoll, wann er es will. Das allein schon kann unsere Trostlosigkeit überwinden. Vor Gott hat alles seinen Wert. Das Gute, das wir getan, das Schwere, das wir getragen haben. Darauf dürfen wir alle vertrauen."
„Das ist es ja gerade, was mir das Leben in letzter Zeit so schwer macht!" entgegnete die alte Frau. „Ich habe kein Gottvertrauen mehr wie früher. Vieles war mir früher ganz selbstverständlich; in diesem Glauben habe ich den Tod meines Mannes und meines Sohnes überwunden. Aber jetzt kann ich nicht mehr beten. Nicht nur, weil ich mich nicht mehr so gut konzentrieren kann wie früher. Mich bedrückt, dass meine Gedanken ein einziger großer Zweifel an dem sind, was ich immer so fest geglaubt hatte. Ich habe manchmal eine unsagbare Angst, Gott gegenüberzutreten und dann nichts in Händen zu haben, was vor ihm wirklich zählt. Ich habe nichts als die Angst, alles falsch gemacht zu haben. Diese Angst bringt mich manchmal fast um, denn ich habe keine Gelegenheit, mit jemandem darüber zu sprechen."

Der Besucher antwortete ihr auf überraschende Weise: „Die meisten Menschen müssen durch diese Angst hindurch. Die Angst, alles im Leben falsch gemacht zu haben und vor Gott ein unnützer Knecht oder eine armselige Dienerin zu sein, ist die letzte Stufe des Loslassens und der Reinigung, die wir durchmachen müssen, bevor uns Gott entgegenkommen kann. Nur wenn unsere Hände leer sind, kann er sie mit allem Glück des Himmels füllen. Sie kennen doch das Wort der Schrift: In der Welt seid ihr in Bedrängnis; aber habt Mut: Ich habe die Welt besiegt!" – „Jesus ist es, der so spricht", seufzte die Alte. „Ich weiß, dass er am Ende selbst große Angst gelitten hat. Aber warum muss ausgerechnet er mich im Stich lassen. Jetzt, da ich ihn so nötig hätte? Wie oft habe ich gebetet! Ich bin immer nur einsamer und leerer dabei geworden. Am Ende bleibt die Verzweiflung, nichts als Verzweiflung. Da gibt es keine Zuversicht. Ist ein solches Altern eines gläubigen Menschen nicht furchtbar? Ist der Glaube nicht genauso nutzlos wie ich nutzlos bin?"

„Es ist der Abschied von der Welt, der uns alles so furchtbar erscheinen lässt. Wir sind in der Welt nicht zu Hause, aber wir hatten uns in ihr zu fest und zu sicher eingerichtet. Der Zweifel und die Angst sollen uns von allem lösen, was uns hier festhalten will."

„Ich muss Ihnen gestehen, das tröstet mich nicht; aber es tröstet mich, dass Sie so mit mir reden; ohne Vorwürfe und mit viel Verständnis", sagte Frau Egner.

Der Besucher erwiderte: „Ich kenne ein altes Gebet, das die Angst und die Verzweiflung in die Hände unseres gemeinsamen Vaters legt. Ich spreche es Ihnen gerne vor: ‚Wie lange, Herr, vergisst du mich ganz? Wie lange noch verbirgst du dein Gesicht vor mir? Wie lange noch muss ich Schmerzen ertragen in meiner Seele und in meinem Herzen Ängste Tag für Tag?'"

Überrascht hörte der Besucher, dass Frau Egner diese Psalmworte leise mitgebetet hatte und jetzt deutlich hörbar weitersprach: „Ich aber baue auf deine Gnade, mein Herz freut sich über deine Hilfe. Singen will ich dem Herrn, weil er mir Gutes getan hat."
Nach dem Gebet flüsterte die alte Frau, die über dem langen Gespräch sehr müde geworden war: „Danke, mein Jesus, auf dich habe ich lange gewartet. Du hast mir sehr geholfen."
Sie reichte ihrem Besucher die Hand zum Abschied, merkte aber nicht mehr, ob er sie berührte.
„Ich habe jetzt keine Angst mehr", murmelte sie und war in ihrem Rollstuhl eingeschlafen.

Das Leben wagen

Seit Tagen saß er auf der Bank am Rande des Parks, der einstmals der Friedhof der alten Stadt gewesen war. Die Menschen auf der nahen Geschäftsstraße hasteten achtlos an dem Einsamen vorüber. Nur dem Rollstuhlfahrer im ersten Stock des Hauses gegenüber war er aufgefallen: Jeden Tag saß der wohl Fünfzigjährige für zwei, drei Stunden reglos auf der gleichen Bank und starrte auf die Straße.

Doch jetzt, der Behinderte rückte seinen Fahrstuhl ein wenig nach links, damit er besser in den Park hineinsehen konnte, hatte sich einer zu dem Einsamen gesetzt. Ein wenig erleichtert stellte er auf seinem hohen Beobachtungsposten fest, dass die beiden miteinander redeten. Er verspürte große Lust, sich am Gespräch zu beteiligen, denn auch seine Vormittage waren einsam. Seit er durch die Querschnittslähmung auf den Rollstuhl angewiesen war, verrichtete er das Nötigste im Haushalt und wartete dann ungeduldig auf seine Frau, die gegen zwei Uhr von ihrer Arbeitsstelle im Reisebüro nach Hause kam.

Kurzentschlossen wendete er auf dem Balkon seinen Rollstuhl. Eine seltsame Lust und Freude hatten ihn zugleich gepackt, ein Auftrieb, wieder einmal selbstständig zu handeln. Es war das erste Mal, dass er nach seinem Unfall die Wohnung ohne die Begleitung seiner Frau verlassen wollte. Er war so ungestüm, dass er einige Male mit seinem Rollstuhl an die Türpfosten stieß, bevor er den Aufzug erreichte, der ihn nach unten beförderte.

Die beiden Männer auf der Parkbank, der Jüngere etwas über Dreißig, unterbrachen ihr Gespräch, als sie auf dem groben Sand des Weges das knirschende Geräusch des Rollstuhls hörten. „Ist es gestattet oder störe ich euch?“, fragte der Behinderte etwas beklommen die beiden Männer. Er blickte dabei in die tieftraurigen Augen des Mannes, den er schon seit Tagen von oben beobachtet hatte. „Ich habe euch vom Balkon aus beobachtet. Entschuldigung, so war es nicht gemeint!“ Der Rollstuhlfahrer streckte verlegen die Hände aus. Der Ältere nickte nur und deutete auf sein Gegenüber: „Manuel wird nichts dagegen haben.“

„Ein schöner Name“, entfuhr es dem Behinderten. „Mein Patenonkel heißt auch so.“

„Gott ist mit uns!“, sagte Manuel. „Jeder Name hat eine Bedeutung. Eine Bedeutung für den, der ihn trägt; eine Bedeutung für alle, denen er begegnet. So wie wir alle eine Bedeutung haben. Wir haben schließlich alle einen Auftrag füreinander. Wer diese Aufgabe annimmt, zeigt ein wenig von der Liebe Gottes zu allen Menschen.“

Der Traurige ließ dieses „Gott ist mit uns“ noch ein wenig in sich nachklingen. Dann stellte er sich ebenfalls vor: „Ich heiße Thomas, und der war schon immer ein Zweifler, wenn ich mich recht erinnere.“ Die Verbitterung in seiner Stimme war nicht zu überhören. „Ich frage mich, was Gott mit uns überhaupt noch zu tun hat?“

„Gerade der Zweifel bringt uns weiter; auch der Zweifel an Gott. Der Zweifel rechnet geradezu mit Gott.“ Damit nahm Manuel den unterbrochenen Gesprächsfaden wieder auf: „Es ist der Zweifel, der nicht zulässt, dass wir uns, unsere

Ängste, Sorgen und Trauer zu wichtig nehmen. Der Zweifel sagt, dass es noch mehr geben muss; dass das nicht alles sein kann, was wir haben, was wir denken, was wir tun; was wir erleben und erleiden."

„Ich weiß nur zu gut, dass ich mich in meiner Trauer zu wichtig nehme", sagte Thomas. „Aber es ist nicht leicht, die Frau in der Mitte des Lebens zu verlieren; plötzlich und ohne jede Möglichkeit des Abschieds. Fünf Monate sind es jetzt schon. Ich komme nicht über den Tod von Monika hinweg. Ich will auch gar nicht darüber hinwegkommen."

Thomas holte seine Brieftasche aus der Jacke und reichte dem Rollstuhlfahrer einen gefalteten Zeitungsausschnitt. Während jener das Papier entgegennahm, meinte er: „Ich muss mich auch erst einmal vorstellen. Ich heiße Bernd. Seit zwei Jahren sitze ich im Rollstuhl – Verkehrsunfall. Ich war nur Beifahrer. Wir wurden von einem Kleinbus von der Straße abgedrängt und haben uns überschlagen. Aber das ist eine lange Geschichte."

„Das habe ich für meine Frau in die Todesanzeige geschrieben", sagte Thomas und deutete auf den Zeitungsausschnitt. Er war so mit sich beschäftigt, dass er das Leid des Rollstuhlfahrers gar nicht zur Kenntnis nehmen konnte.

Bernd las hörbar für die anderen: „Keiner sieht mehr deine Augen, die mit uns lachten und scherzten. Keiner hört mehr den Zauber deiner Stimme, die uns tröstete und weiterhalf. Keiner fühlt mehr deine Hände, die zärtlich alle Einsamkeit vergessen ließen. Keiner hört mehr deine Worte, die uns umspielten und uns verwöhnten. Keiner. Nie mehr."

„Ich kann mir deine Frau sehr gut vorstellen", sagte Manuel, der die Todesanzeige schon vorher gelesen hatte. „Ich sehe ihre schönen Augen, ich kann ihre Stimme hören, ich fühle ihre Hände. Denn die Toten sind nicht fern von uns. Sie umgeben uns mit ihrer Liebe. Das ist die Verbindung, die uns bleibt. Die Trauer holt sie so lange zu uns zurück, bis wir sie ganz loslassen können; aber nicht für immer, sondern für das Heute Gottes, das auch uns eines Tages geöffnet wird." – „Ganz loslassen können?", fragte Thomas. „Ich möchte schreien, weil Gott mir das angetan hat. Es ist ein Unrecht, was er mir angetan hat."

„Alles zu seiner Zeit", antwortete Manuel. „Weinen und Klagen, zornig und empört sein, aber auch stumm werden und schweigen; das alles gehört zur Trauer. Doch wenn du das überstanden hast, wenn dir diese Gefühle nicht mehr so wichtig sind, weil du sie aus dir herausgelassen hast, dann wirst du deine Frau in die Hände Gottes loslassen können. Die Trauer ist nicht nur die Möglichkeit, mit den Verstorbenen in Verbindung zu bleiben. Je tiefer unsere Trauer, desto intensiver auch der Kontakt. Die Trauer löst uns Stück für Stück ab von dem Menschen, den wir lieb hatten. Weil wir glauben, dass unsere Toten bei Gott gut aufgehoben sind, geben wir sie mehr und mehr in seine Hände. Dann bleibt zwar der Platz an unserer Seite frei, der Platz in unserem Herzen bleibt immer besetzt."

„Und doch bleibt mir als ständige Frage", unterbrach ihn Thomas, „was ist jetzt mit Monika? Wo ist sie? Lebt sie wirklich, oder ist nicht alles vorbei, vorbei für immer? Weiß sie um meine Einsamkeit und meine Trauer? Die routinierten Antworten des Pfarrers im Krematorium haben mich mehr abgestoßen als getröstet. Seine Formeln von Hoffnung, Auferstehung, Neuwerden und Wiedersehen sind für mich wie ein unverständliches Reden geblieben. Mehr Dunkelheit als Licht."

Bernd sah Thomas an und zuckte mit den Achseln: „Mich dürfen Sie nicht fragen. Wenn ich ehrlich sein soll, dann bin ich seit zwei Jahren immer noch mit dem Warum und Wozu meiner eigenen Behinderung beschäftigt...", und etwas

leiser fügte er hinzu „...mit der unsagbaren Angst, dass meine Frau eines Tages nicht mehr nach Hause kommt, weil sie nicht weiterhin ihre jungen Jahre mit einem Krüppel vertun will. Es ist heute das erste Mal, dass ich über diese Angst reden kann. Denn jetzt fange ich an zu verstehen: Jeder Abschied beginnt mit einer Art Trauer. Ist es nicht so, Manuel...?"
„Die Trauer hat zwei Seiten. Die eine möchte uns einschließen in einen Raum des Todes mit dunklen Mauern und verhängten Fenstern; diese Art der Trauer drängt nicht auf Lösung, sondern führt über die Einsamkeit in die Vereinsamung. Die richtige Trauer führt uns zu Gott", erwiderte Manuel.
Es war jetzt eine erstaunliche Sicherheit in seiner Stimme, die wie eine gute Botschaft klang. „Mit dieser Trauer fängt nämlich alles an. Der Mensch macht sich auf die Suche nach einem, der wirklich trösten kann. Was wir vom Tod und dem Danach wissen können, ist sehr wenig. Nur der Glaube sagt uns, dass das Leben weiter geht, dass es erst nach dem Tod zu seiner Vollendung kommt. Die Trauer übersetzt diesen Glauben in unser Leben und damit wird wahr, was wir erhoffen. Deswegen betrauern wir nicht die Toten. Wenn wir ehrlich sind, betrauern wir uns selbst, weil unsere Hände ins Leere greifen; weil wir nicht mehr empfangen können wie bisher. War vorher die Zeit zu nehmen, so ist jetzt die Zeit zu geben. Dennoch: Trauer und Klage, sogar noch Anklage und Protest bleiben wichtig; sie bringen uns aus uns heraus auf den Weg Gott entgegen, dem wir klagen, den wir anklagen. Er wird uns Antwort geben. Und wir werden von Mal zu Mal sicherer in diesen Antworten. Dann kommt die Trauer an ein Ende. Sie macht der Freude Platz, mit einem wichtigen Menschen gelebt zu haben; sie macht der Dankbarkeit Platz, ihn gehabt zu haben; sie macht der Sehnsucht Platz, ihn bei Gott wiederzufinden."
„Mir fehlt Monika sehr", wiederholte Thomas.

Manuel fragte, indem er seine Hände nahm: „Warum auch sollte sie dir nicht fehlen? Was ihr miteinander beredet und entschieden habt, behält seine Gültigkeit. Ihr könnt weiter miteinander reden, wie bisher. Gerade weil ihr euch so vertraut wart, wird es nicht schwer sein, die Gedanken zu erahnen und Entscheidungen zu treffen in ihrem und in deinem Sinne. Eines Tages aber wirst du einen Halt an dir selber finden; du hast das Vertrauen zu dir selber wieder gefunden und die Trauer kommt an ihr Ende."

Nachdenklichkeit breitete sich aus, die auch durch den Lärm des nahen Verkehrs nicht gestört werden konnte. Und so schwiegen die drei Menschen miteinander. Thomas und Bernd, man sah es ihnen an, fühlten sich auf merkwürdige Weise gestärkt.

In die Stille sagte nach einiger Zeit Manuel: „Ein Trost, der die Trauer verdrängt, ist kein Trost; denn er lehrt uns nicht das Loslassen und das Lösen. Es gibt nur einen, der uns wirklich tröstet, weil er die Trauer auflösen und in Freude und in neues Leben verwandeln kann. Das ist für mich Gott."

Manuel war aufgestanden und reichte den beiden zum Abschied die Hand: „Weil das so ist, sind auch wir füreinander zum Trösten bestimmt. Das gegenseitige Trösten ist eine Art Nachreifen, was uns an Liebe noch fehlt. Denkt daran, wenn ihr euch begegnet! Ihr könnt das Leben wagen, weil Gott mit euch geht. Ihr könnt die Verstorbenen loslassen, weil sie bei Gott aufgehoben sind."

Als Manuel gegangen war, sagte Bernd leise zu sich, aber Thomas konnte ihn verstehen: „Ich muss ihm irgendwann begegnet sein. Denn die überzeugende Kraft und das tiefe Glück, das von diesem Menschen ausgeht, habe ich schon einmal gespürt, damals, unmittelbar nach meinem Unfall. Damals hatte ich für eine kurze Zeit das Gefühl, Gott selber begegnet zu sein. Wie konnte ich das nur vergessen!"

Nicht Mann und Frau

„Und ich sage Ihnen allen, ich sage es mit Trauer und mit Zorn, die Kirche hat mich um die schönsten und wichtigsten Jahre meines Lebens gebracht. Ich wurde betrogen und niemand hat sich bisher dafür bei mir entschuldigt."
Nach diesen Sätzen verließ die attraktive Mittsiebzigerin unter starkem Beifall das Mikrofon in der Mitte des Kurhaussaales, in dem die Diskussion stattgefunden hatte. Ohne sich umzuwenden, ging sie zum Ausgang des Saales und steuerte auf das kleine Café im Anschluss an die Wandelhalle zu. Dort fand sie einen freien Platz am Fenster.
Ein Mann, Anfang dreißig, war ihr aus der letzten Reihe des Saales gefolgt. Er wartete in der Nähe ihres Tisches, bis sie die Bestellung aufgegeben hatte, dann fragte er: „Darf ich mich zu Ihnen setzen? Sie waren eben sehr stark in der Diskussion, aber auch sehr verletzt!"
Die Attraktive machte eine einladende Handbewegung. In ihrer großen Erregung, die sich durch den Vortrag der Kurseelsorge „Kirche und Moral" aufgebaut hatte, kam ihr ein Gesprächspartner gerade recht. Der stellte sich, bevor er Platz nahm, kurz vor: „Christo", sagte er. „Nennen Sie mich einfach Christo!" – „Christo?", erwiderte die Dame fragend, als wolle sie eine Erklärung für diesen in unseren Breiten

seltenen Namen hören. Dann sagte sie aber schnell: „Angenehm. Renate – Renate Sanders."
Ohne große Umstände eröffnete Christo das Gespräch: „Es ist zu viel von der Kirche und zu wenig von Jesus geredet worden. Sonst hätte der Nachmittag einen ganz anderen Verlauf genommen. Jesus hatte alle Enge gesprengt, in die die Menschen damals geführt worden waren. Er richtete Appelle an die Menschen; er lud sie ein, mit ihm das Reich Gottes zu bauen. Aus den Gesetzen, die die Kirche aus seinen Angeboten gemacht hat, entstand oft nur neue Angst."
„Es hat Jahre gedauert, bis ich diese Angst überwunden hatte; viele Jahre. Darüber ist fast mein Leben vergangen", sagte Frau Sanders. „Die Kirche, wie ich sie erlitten habe, ja, ich sage erlitten, hat immer am Leben und am Menschen vorbei argumentiert. Auch an meinem Leben: Ich bin eben erst dabei, dieses Leben neu zu finden."
„Neuer Wein gehört in neue Schläuche", sagte Christo.
Frau Sanders reagierte gereizt: „Die alten Schläuche der Kirche sind geplatzt. Ich kann die Antworten von gestern für vorgestern nicht mehr hören. Mehr und mehr wird mir klar: Das, was die Kirche zu sagen hat, ist nicht meine Welt; betrifft nicht mehr mein Leben."
„Das Evangelium ist Leben", warf Christo ein. „Leben in Fülle."
„Noch sehe ich kein Leben. Ich sehe nur Vergangenheit, Berufung auf die Tradition, Enge und Angst, Erstarrung und Härte. Das ist nicht Leben, das ist Bevormundung; das ist Zwang. Das ist Herrschaft." Renate Sanders rührte heftig in ihrer Tasse. „Dazu kommt die totale Einseitigkeit. In der Kirche zählt nur der Mann. Sie haben es ja eben wieder gehört: Letztlich kommt von der Frau das Böse in diese Welt. Deswegen darf die Frau in der Kirche nichts zu sagen haben. Dienen, das darf sie."

„Und doch hat Jesus ganz deutlich gesagt: Wer den Willen meines Vaters im Himmel erfüllt, der ist für mich wie Mutter, Bruder und Schwester“, warf Christo ein. „Die Frau als Mutter, als Schwester ist genauso wichtig wie der Bruder. Vor Gott sind alle gleich; Brüder und Schwestern.“

„‚Der Mann soll über die Frau herrschen‘ – heißt es nicht so in der Bibel?“, fragte Frau Sanders.

„Nicht Mann oder Frau, das Ich ist die große Gefahr für den Menschen“, erklärte Christo. „Wenn einer über den anderen herrschen will, dann beweist das nur, wie schwer Partnerschaft für den Menschen ist. Es ist ein schmerzlicher Prozess für den Mann wie für die Frau, vom Ich zum Du zu kommen. Das kommt, weil der Mensch aus dem Stoff dieser Erde genommen ist. Gott hat die Liebe aus seiner Welt dazugegeben. Seither ist die Bekehrung vom Ich zum Du möglich.“

Christo macht eine kleine Pause: „Nur aus der einseitigen Sicht des Mannes, wegen seiner Ängste, bekommt die Frau in der Bibel ein negatives Bild. Gott sieht das anders. Er hat Mann und Frau nach seinem Bild geschaffen.“

„‚Die Frau ist die Pforte des Teufels‘ hat Tertullian gesagt. Irgendwie halten sich die Prälaten noch immer an dieses Wort.“

„Deswegen wird es Zeit, dass die Frauen ihre Stimme erheben“, sagte Christo. „Gottes Zusage für die Zukunft des Menschengeschlechtes gilt Mann und Frau in gleicher Weise. Aber Mann und Frau haben es schwer miteinander. Denken Sie nur an ihre sexuellen Beziehungen…“ – „…die im Sinne der Kirche fast ausnahmslos schwere Sünden sind und waren“, unterbrach ihn Frau Sanders aggressiv.

„Aber es ist wahr, dass die Sünde alle Beziehungen zwischen den Menschen verdirbt, auch die Beziehungen zwischen Mann und Frau.“ Christo versuchte wieder einen sachlichen Ton in das Gespräch zu bringen.

„Deswegen muss das Verhältnis der Kirche oder des Christentums überhaupt zur Sexualität keinesfalls so einseitig und so belastet sein.“ Renate Sanders blieb heftig. „Ich bin überzeugt, dass Jesus sehr menschenfreundlich war, auch im Blick auf die sexuellen Bedürfnisse des Menschen. Ich habe sehr lange gebraucht, bis ich mich zu einer unbefangenen Haltung durchkämpfen konnte. Es war schmerzlich, zeitweise Kirche, Evangelium und Jesus im gleichen Topf finden zu müssen und abzulehnen. Ich habe noch nicht wirklich zu Jesus zurückgefunden. Ich sehne mich danach, ihn wirklich kennen zu lernen und sein Evangelium zu erfassen.“

„Jesus hat die Frau gleichberechtigt in seinen Freundeskreis aufgenommen“, betonte Christo. „Ich kenne von ihm kein einziges frauenfeindliches Wort; im Gegenteil, sein freies, offenes und freundschaftliches Verhältnis zu Frauen war für seine Zeit erstaunlich. Denken Sie an die Huren. Jesus sagt, dass sie leichter in das Reich Gottes kommen als manch einer der so genannten Gerechten. Er hat nicht nur die Frommen seiner Zeit mit dieser Haltung verärgert; bis heute macht er damit den Selbstgerechten große Schwierigkeiten. Sie müssen sich an den Worten Jesu messen lassen.“

„In der Zeit nach Paulus war diese Einsicht bereits wieder verschüttet“, bemerkte Frau Sanders bitter. „Die Geschichte der Frauen ist eine Geschichte der Unterdrückung, der Gewalt und der Vergewaltigung auch in und durch die Kirche. Die so genannte eheliche Pflicht war ja auch nichts anderes als die Seligsprechung männlicher Gewalt über die Frau.“

„Viel Zartheit und viel Zärtlichkeit ist wegen dieser Irrlehre der Kirche verloren gegangen“, ergänzte Christo. „Dabei liegt in der Zartheit die eigentliche Kraft, die den Menschen völlig verwandeln kann.“

Renate Sanders war ein wenig ruhiger geworden. Merkwürdig, wie sie mit diesem Mann reden konnte. Dieser Christo war voller Selbstbewusstsein und Zuwendung zugleich.

„Das Schlimme ist", griff Christo den Gesprächsfaden wieder auf, „dass die Menschen zu Zärtlichkeit und Lust kaum ein freies Verhältnis finden konnten. Zwischen Vergötzung oder Verteufelung der Sexualität blieb kaum ein vernünftiger Platz. Auch die Kirche fand selten zu einer positiven Normalität. ‚Gott sah an, was er gemacht hatte und er sah, dass es sehr gut war'", zitierte Christo die Bibel; „aber die Menschen haben nichts daraus gelernt."

„Was Gott gut geschaffen hatte, war aber dann bald schwere Sünde!"

Bei einem anderen Gesprächspartner wäre dieser Satz für Frau Sander zu einer Anklage geworden; jetzt war er nur eine Feststellung.

„Der Mensch neigt zur Übertreibung", sagte Christo lächelnd. „Das rechte Maß ist nicht gerade seine Stärke. Gerade mit der Hilfe des großen Gebotes der Liebe wäre es den Christen angestanden, ausgeglichener zu leben und zu urteilen. Viele Ängste wären erst gar nicht entstanden. Das Wichtigste ist doch schließlich..." – „...eine lebendige Beziehung zu Gott", unterbrach ihn Renate Sanders und Christo nickte freundlich. „Ich glaube nicht, dass ein verantwortungsbewusstes sexuelles Erlebnis diese Beziehung zu Gott stören kann."

„Sie haben vorhin selber von Gewalt und Vergewaltigung gesprochen", warf Christo ein.

„Das meine ich gar nicht", sagte Frau Sanders. „Der Mensch kann von einem sexuellen Erlebnis so unmittelbar betroffen werden, dass es ihn zutiefst dankbar macht, dass es für ihn zum Gottesdienst wird. Und das soll dann Sünde, schwere Sünde sein? In meiner Ehe habe ich Sexualität so positiv

erlebt und doch die schönsten Jahre meines Lebens unter der Angst gelitten, es könne alles falsch gewesen sein. Da war niemand, der geraten und geholfen hätte. Im Gegenteil: Die Ängste wurden bestärkt, vermehrt... Uns Eheleuten, die gute Christen sein wollten, wurde eine unerträgliche Last aufgeladen; wir lebten ständig mit einem schlechten Gewissen..."
„Mein Joch drückt nicht und meine Last ist leicht", zitierte Christo das Evangelium.
Renate Sanders hatte nicht hingehört. „Sonntag für Sonntag die gleiche Frage: Darf ich zur Kommunion gehen, nur weil wir keine Kinder mehr verantworten konnten? – Wir hatten drei. – Mein Mann hatte die Frage für sich längst entschieden. Er ging nicht mehr in die Kirche. Auch darunter habe ich gelitten. Ich blieb mit mir und meinem Gewissen allein."
„Die größte Lust ist es, geliebt zu werden." Christo gab dem Gespräch abrupt eine Wendung. „Deswegen ist nur eines in unserem Leben wirklich wichtig: in der Liebe zu sein und in der Liebe zu bleiben. Wer wirklich in der Liebe ist, kann tun und lassen, was er will. Es wird recht sein. Die Fähigkeit zu lieben hält allen Misserfolgen, Verletzungen und Enttäuschungen stand. Auf Menschen allein können wir nicht bauen. Deswegen ist es gut zu wissen, dass wir von Gott geliebt sind. Jeder Mensch wird von seiner Liebe gehalten. Das allein, und nicht unsere Enttäuschungen, sollte unser Leben bestimmen."
„Geht das so einfach?", fragte Renate Sanders. „Kann ich, soll ich einfach vergessen, was mir von den Pfarrern angetan wurde? Was mein Leben so schwer und oft so freudlos gemacht hat? Es ist nicht leicht, zwischen schweren Gewissensängsten und tiefen Sehnsüchten zu leben."
Christo entgegnete: „Wer frei sein will, kann sich nicht an die Vergangenheit, nicht an seine Enttäuschungen und Ver-

letzungen binden. Wer frei sein will, befreit sich auch aus den Fesseln, die durch die Schwäche, die Lüge und die Bosheit anderer geflochten wurden. Wer frei sein will, bindet sich allein an Gott und erhält seine Geschenke: Freundschaft, Friede und Zufriedenheit, Treue und ewiges Leben.“

Bevor Frau Sanders ihrem Gegenüber eine weitere Frage stellen konnte, verspürte sie an ihrer Wange einen leisen Hauch, wie von einer zärtlichen Berührung. Christo war verschwunden. Als sie zahlen wollte, sagte der Ober: „Der Herr an Ihrem Tisch hat schon alles erledigt.“
„Gott sei Dank!“, sagte sie. „Es ist alles erledigt.“
Der Ober schüttelte leicht den Kopf, bevor er abräumte: „Seltsame Frauen gibt es heute.“

Wann werden wir verstehn

„Pascal, ich taufe dich im Namen des Vaters und des Sohnes und des Heiligen Geistes." Der Pfarrer sprach die Taufformel so unpersönlich, als wenn er seiner Sekretärin eine dienstliche Anweisung gäbe und spritzte ein wenig Wasser über den Kopf des Kindes. Der Pate, der das Kind auf dem Arm gehalten hatte, legte den knapp sechs Monate alten Jungen in die Arme des Vaters zurück. Der ließ den Rest des Ritus über sich ergehen, als hätte er mit der Feier nichts zu tun.

„Ich segne dich, Harald, als den Vater des Kindes", hörte er den Pfarrer sprechen. Vom Salz der Erde und vom Licht der Welt war noch irgendwie die Rede, als er die brennende Taufkerze in seine Hand nahm. Aber die Worte und Symbole gingen an dem jungen Vater vorüber, als beträfen sie ihn nicht.

Zutiefst betroffen hatten ihn die Sätze des Facharztes, der ihm sechs Wochen vor der Geburt von Pascal sagte: „Mit hoher Wahrscheinlichkeit wird Ihr Kind behindert sein. Es liegt eine genetische Störung vor, die nicht zu beheben ist." Sein Kind, sein erstes Kind, sein Sohn, auf den er sich so gefreut hatte, behindert! Anfangs hatte er Zweifel an dem Befund und knüpfte daran seine Hoffnungen. Der Arzt konnte sich getäuscht haben. Noch war eine Reihe von Untersuchungen zu absolvieren; da konnte sich noch manches ergeben. Aber nach den vielen Tests, kurz vor dem Geburtstermin, war alles eindeutig: Er wird Vater eines behinderten Kindes sein.

Die Taufe war vorbei; die Gäste waren zu einer Tasse Kaffee eingeladen und hatten sich im Clubraum der Gemeinde zusammengefunden. Harald blieb draußen und setzte sich auf eine Bank im Innenhof des Gemeindezentrums, Pascal auf seinem Schoß. Das Kind griff mit beiden Händchen nach dem Gesicht des Vaters und lächelte; Harald weinte. Bis zu diesem Moment war er stark geblieben. Er hatte seiner Frau geholfen, sie getröstet, ihr gut zugeredet, ihr wieder und wieder gesagt: „Wir schaffen es schon!“ Jetzt aber, da er unbeobachtet war, konnte er weinen; hemmungslos weinen. Die Not und die Bitterkeit der letzten Wochen brachen aus ihm heraus.

Harald erinnerte sich nicht, wann er das letzte Mal Tränen vergossen hatte; Männer weinen nicht, das war das ständige Wort seines Vaters, wenn er sich verletzt hatte und weinen wollte. Jetzt genoss er es geradezu, wie ihm das Wasser die Wangen herunterlief und einiges von dem löste und wegschwemmte, was sich in ihm, auch mit Rücksicht auf seine Frau, aufgestaut hatte. Pascal lächelte noch immer und patschte mit seinen Händchen auf seine tränennassen Backen. Er drückte den Jungen fest an sich. Es war wie ein Versprechen auf die Zukunft.

Als Haralds Frau schwanger war und die Freunde den werdenden Vater fragten, ob er sich einen Jungen oder ein Mädchen bestellt habe, da antwortete er stereotyp, obwohl er sich sehnlichst einen Jungen wünschte: „Hauptsache gesund.“ Genau diese Bitte wurde ihm nicht erfüllt. Wieder

rollten seine Tränen. Harald sah sich um und war beruhigt, dass ihn noch niemand von der Taufgesellschaft vermisste. Er wollte jetzt mit seinem Kind allein sein. Er fürchtete sich geradezu vor den betulichen und doch so wenig tröstenden Worten der Verwandten, die hinter seinem Rücken ganz anders redeten: all diese Mutmaßungen und Behauptungen, die Erklärungsversuche und Beschönigungen, die man so lange nicht ernst nimmt, solange man nicht selber betroffen ist. Er konnte sie unter den Andeutungen heraushören.
„Lieber Gott!“ Harald versuchte Fassung zu gewinnen, bevor er sich zu den anderen im Partyraum gesellte. „Lieber Gott“, sagte er halblaut zu sich selber, „was soll aus dem Kind werden? Wie sollen wir mit Pascal und seiner Behinderung fertig werden?“
„Pascal wird damit fertig werden, wenn ihr damit fertig werdet!“ Ein junger Mann hatte den Kinderwagen beiseite geschoben und neben Harald Platz genommen. Pascal quietschte vergnügt und streckte jetzt seine Patschhändchen dem Fremden entgegen.
„Er hat kein bisschen Scheu“, sagte der Fremde und nahm das Kind in seine Arme. „Wer auf einen behinderten Menschen eingeht, wird bald seine eigenen Behinderungen erkennen. Kinder wie Pascal brauchen viel Zärtlichkeit; aber sie schenken auch sehr viel zurück.“
Harald wurde mit diesen Worten klar, dass der Fremde Bescheid wusste. Die Worte des Kinderarztes hatten damals ähnlich gelautet: „Mongoloide Kinder brauchen viel Zuwendung.“
Harald wandte sich dem Fremden zu, der ganz selbstverständlich die Zärtlichkeiten von Pascal annahm: „Ich, wir hatten uns so sehr ein normales Kind gewünscht. Was haben wir denn falsch gemacht? Wofür werden wir bestraft?“ fragte der junge Vater bitter.

„Keiner wird von Gott bestraft", antwortete der Fremde fest. „Am wenigsten mit einem Kind! Wer von uns ist schon normal? Der Mensch ist keine Maschine. Jeder ist anders. Nur das ist normal. Glaube mir, jedes Kind ist ein Geschenk, eine Gabe, die zugleich eine Aufgabe ist. Der Weg, auf dem wir einem Kind wie diesem beistehen, ist zugleich der Weg, der uns weiterbringt und besser macht. Die Frage ist nur, wann werden wir das verstehn?"

Der Fremde reichte Harald das Kind zurück: „Wer behauptet, Eltern oder gar ein Kind hätten Schuld an der Behinderung, der versucht, Gott und seine Unbegreiflichkeit zu entlasten und die Betroffenen noch tiefer zu beugen. Glaube mir: Pascal ist ein Geschenk, keine Strafe."

„Was ist das für ein Geschenk", fragte Harald, „an dem wir ein Leben lang zu tragen haben? Was hat sich Gott dabei gedacht? Das frage ich mich ständig und bekomme keine Antwort."

Aber der Fremde ging auf den Vorwurf nicht ein, sondern sagte: „Pascal, das ist ein sehr schöner Name; ihr habt gut gewählt. Der Name trägt in sich ein Geheimnis, das du jetzt noch nicht verstehst. Gott hat sich dir noch nicht verständlich machen können, weil du vor Schmerz und Bitterkeit noch nicht richtig hinhören kannst."

Der Fremde legte seine Hand auf den Kopf des Kindes: „Pascal, das heißt Ostern. Ostern ist Auferstehung aus dem Tod; Ostern ist Leben. Ostern ist eine große Verheißung für alle Menschen. Ostern setzt Aufgaben und zeigt das Ziel. Du wirst es erleben, denn dein Kind ist ein richtiges Sonntagskind."

„Woher wissen Sie", fragte Harald überrascht, „dass Pascal an einem Sonntag geboren ist?"

Auch diese Frage beantwortete der Fremde nicht. Pascal hielt mit seinen beiden Händchen die Zeigefinger des Fremden fröhlich umklammert und zog sie im Wechsel hin und her.

„Was machen wir, wenn wir jemanden besonders lieb haben und der andere versteht uns nicht?“, fragte der Fremde unvermittelt. „Richtig! Wir verstärken unsere Liebe. Wir suchen nach besseren Möglichkeiten und intensiveren Zeichen. So handelt auch Gott. Pascal ist ein besonderes Zeichen seiner Liebe. Doch wir können es noch nicht verstehen.“

Harald rollten wieder die Tränen über die Wangen: „Wir können es noch nicht verstehen. Ob wir es je verstehen?“

„Ein Mensch kann nie mit Gewalt gewonnen werden, nur durch Liebe. Gott überzeugt nie mit Gewalt, nur mit Liebe.“

Der Fremde hielt einen Moment inne, als müsse er nachdenken, und fragte dann: „Hast du deine Frau lieb?“

Spontan antwortete Harald: „Wie am ersten Tag!“

„Dann werdet ihr es schaffen“, sagte der Fremde. Und dann fügte er hinzu: „Deine Tränen beweisen es. Sie kommen aus einer Tiefe, die du bisher verschlossen gehalten hast. Auch vor deiner Frau, die es noch schwerer hat als du. Doch sie liebt bereits, wo du noch gekränkt bist. Ich bin sicher, Pascal wird es gut bei euch haben. Und er wird euch beschenken; er zeigt euch den Weg zu einem intensiven und zärtlichen Leben.“

„Danke“, sagte Harald, der seine Tränen abgewischt hatte. „Ich will meinem Sohn alles schenken, was ich kann.“

„Gut“, meinte der Fremde. „Es muss sich schon jetzt zeichenhaft andeuten, was Gott für die Zeit nach dieser Zeit versprochen hat: alles Leid hinwegzunehmen und alle Tränen zu trocknen. Pascal braucht deine Fröhlichkeit; er braucht einen Menschen, der mit ihm spielt und ihm auf diese Weise zeigt, das Leben im Angesicht Gottes leicht zu nehmen.“

„Er wird es schwer haben in dieser Welt“, überlegte Harald. „Die Menschen sind voller Vorurteile und Ablehnung. Behinderte sind nicht nützlich; sie kosten nur. Was wird mit dem Kind, wenn wir nicht mehr sind?“

„Seine Welt wird ganz anders sein, als es unsere ist. Dein Herz und deine Phantasie werden dir helfen, einiges von Pascals besonderer Welt zu verstehen. Seine Gefühle sind so unmittelbar und so intensiv, dass wir sie kaum erahnen können. Aber wenn wir sie erahnen, dann spüren wir, dass er in einer Welt leben darf, in der die Zartheit, die Farben und die Töne einen besonderen Wert haben. Das wird uns dieses Kind lehren. Pascal wird zeigen, dass Berechnung, Leistung und Nutzen nicht alles sind. Vor Gott zählt das jedenfalls nichts."

Der Fremde nahm das Kind noch einmal in seine Arme. „Siehst du", sagte er zum Vater, „Gott hat uns Arme gegeben, damit wir einander in die Arme nehmen. Und was bekommen wir zurück? Dankbarkeit und Wärme: Ein Menschenkind ist bei uns aufgehoben, es darf sich sicher und geborgen wissen. Das allein wiegt einmal alles auf, Harald. Jetzt beklagst du dich, kein normales Kind zu haben wie die anderen; keines zum Vorzeigen; keines, dem die anderen ganz unbefangen gegenübertreten können. So gesehen hat es Pascal schwerer als andere. Aber seine unbefangene Fröhlichkeit, seine unbekümmerte Sorglosigkeit werden das alles aufwiegen. Er wird dich lieb haben ohne Falschheit und Vorbehalte. Und er wird die Menschen, die ihm begegnen, herausfordern und sie selber in Frage stellen."

Wie zur Bestätigung streckte Pascal seine Händchen nach seinem Vater aus. Der nahm sie an und sagte: „Dennoch bleibt Gott unbegreiflich in dem, was er tut. Bei der Taufe von Pascal, gegen die ich mich innerlich gewehrt habe, aber ich wollte meiner Frau nicht noch zusätzlich weh tun, bei der ganzen Tauffeier habe ich nur daran gedacht, was Gott mir angetan hat. Langsam fange ich an zu begreifen, dass er mir nicht etwas angetan, sondern etwas zugemutet hat und nun abwartet, ob und wie ich diese Aufgabe löse."

„Gott wartet nicht nur ab, Harald, er begleitet euch. Durch Pascal verspricht er euch ein neues Ostern, ein ganz anderes, ein bewussteres Leben…“
„Darf ich Sie zum Taufkaffee einladen?“ wollte Harald sagen, doch der Fremde war verschwunden. Eine zuversichtliche Melodie blieb von ihm zurück; den Text zu dieser Melodie hatten Freunde zum Schluss des Taufgottesdienstes gesungen: „Ich weiß, dass einer mit uns geht, dass er uns noch dann zur Seite steht, wenn andere nicht sehen und wenn sie nichts verstehen.“

Licht aus dem Dunkel

Sie stand schon lange an der steil abfallenden Böschung und starrte in den Fluss, der träge und braungrün an seinem gemauerten Ufer vorüberzog. Ein paar Enten warteten vergeblich gefüttert zu werden. Schließlich sahen sie es ein, dass sie von der Frau nichts zu erwarten hatten und ruderten eilig zu einer Gruppe von fröhlichen Kindern, die flussaufwärts mit lautstarker Begeisterung Steine auf der Wasseroberfläche tanzen ließen. Die Frau schaute sich um. Außer den Kindern, die völlig mit ihrem Spiel beschäftigt waren, gab es keinen Menschen zu sehen. Entschlossen stieg sie auf die niedere Mauer und wollte ins Wasser springen.
In diesem Augenblick wurde sie von hinten gepackt und festgehalten. Kräftige Männerarme trugen die vielleicht Vierzigjährige, die sich nicht wehrte, auf die Bank auf der anderen Seite des schmalen Gehwegs.
„Das ist ja gerade noch einmal gut gegangen!", hörte sie ihren Retter sagen, als er sie auf die Bank gesetzt hatte.
Ohne einen Ton in der Stimme fragte die Lebensmüde: „Warum haben Sie das gemacht? Warum haben Sie mich nicht springen lassen? Dann hätte die Qual jetzt schon ein Ende. Erwarten Sie nicht, dass ich Ihnen dankbar bin. Das Leben bedeutet mir nichts mehr."

„Aber das Leben war Ihnen einmal wichtig?“, fragte der Retter. Die Frau antwortete nicht. Sie hielt das Gesicht gesenkt, so dass er nicht in ihre leeren Augen schauen konnte. Sie atmete flach und starrte in den Sand.
„Sie werden noch gebraucht“, sagte der Retter, „Ihr Mann wartet auf Sie, und die drei Kinder warten. Wer holt den Kleinsten heute Nachmittag aus dem Kindergarten ab?“
Die Frau hob überrascht den Kopf. Für einen Augenblick war ein Funke des Interesses zurückgekehrt. Sie dachte an Michael, an ihren Jüngsten, der überhaupt nicht verstehen konnte, was seit Monaten in der Familie vorging. Dann senkte sie den Kopf wieder und sagte tonlos: „Es ist alles zu spät. Ich bin eine schlechte Mutter und keine gute Ehefrau. Es ist alles so trostlos. Ich bin ausgebrannt. Leer. Ich bin schuld, dass bei uns alles so traurig ist. Die Kinder werden es besser haben, wenn ich nicht mehr bin. Mein Mann wird eine andere finden und wieder lachen können.“
Sie legte ihre linke Hand auf die Brust: „Wissen Sie, da ist nichts mehr. Alles ist leer. Ich kann mich nicht freuen. Ich kann nicht traurig sein. Kein Gefühl. Nichts. Was soll dann das Leben noch? Ich habe umsonst gelebt. Ich habe alles falsch gemacht.“
„Das kenne ich“, antwortete der Retter. „Wenn wir so niedergedrückt sind, dass wir keine Gemütsbewegungen mehr erleben; wenn sich in uns nichts mehr bewegt; wenn unsere Gefühle so kalt und so erstarrt sind wie ein Wasserfall im Winter, dann kommen uns unser Leben und die ganze Welt so sinnlos vor. Wir möchten dann alles wegwerfen; ein Ende machen. Ich verstehe Sie gut.“
Die Frau sah zum ersten Male ihrem Retter ins Gesicht: „Sie sind der erste und der einzige, der so zu mir spricht. Niemand versteht mich; nicht einmal mein Mann.“ Die Frau atmete einige Male. „Bisher haben sie alle, mein Mann, mei-

ne Eltern, die Freundinnen, der Arzt immer wieder zu mir gesagt: Stell dich nicht so an! Reiß dich zusammen! Dir geht's doch gut! Du musst nur wollen! – Aber ich kann nicht; ich kann ganz einfach nicht. Aber keiner versteht die Leere und die Sinnlosigkeit, die mich erfüllt haben. Gestern Abend fragte mich mein Mann: Liebst du mich denn nicht mehr? Ich konnte ihm darauf keine Antwort geben. Ich war wie erstarrt. In mir war alles abgestorben. Ich weiß nicht mehr, wo meine Liebe ist. Ich wollte schreien, doch ich konnte nicht. Da ging mein Mann ohne ein weiteres Wort zu Bett. Ich blieb allein im Wohnzimmer sitzen.

Heute Morgen war mir dann klar: Ich bin eine Versagerin und ziehe die ganze Familie in den Abgrund mit hinein. Die Qual muss ein Ende haben. Ich wartete, bis die beiden Großen in der Schule waren, dann brachte ich den Jüngsten in den Kindergarten, und jetzt..."

„Auf dem Boden der Hoffnungslosigkeit gedeihen Depression und Verzweiflung", sagte der Retter: „Die Hoffnung schenkt neues Leben. Die Hoffnung ist wie ein starker Arm, der uns trägt, wenn wir uns nicht mehr ertragen können."

„Hoffnung?", fragte die Frau: „Was kann mir noch Hoffnung geben? Ich bin wie gebunden, gefesselt, wie gelähmt. Ich kann mich nicht einmal daran erinnern, was Hoffnung ist."

„Aber es gibt die Erinnerung. Die Erinnerung daran, dass es bessere, dass es gute Zeiten gab. Auf diese Erinnerung können wir uns stützen, wie Sie sich auf die Liebe Ihres Mannes verlassen können. Gestützt auf die Erinnerung können wir uns nach der Hoffnung ausstrecken. Damit wird die tödliche Lähmung überwunden. Reichen Sie mir Ihre Hand", ermunterte sie der Retter.

Zögernd reichte ihm die Frau ihre schmale Hand; vorsichtig, als könne ihr etwas geschehen, und doch schon ein wenig hoffnungsvoll über diese unerwartete Zuwendung.

Der Retter ergriff die schmucklose Hand und drückte sie herzlich. Sofort spürte die Frau eine Kraft, die von dem Händedruck ausging und sie in ihrer Tiefe durchströmte: „Ich schenke Ihnen ein wenig von meiner Hoffnung und von meinen Gefühlen; ich zeige Ihnen damit einen Weg, einen Ausweg aus aller Qual."

Die Frau zog ihre Hand nicht zurück: „Es tut gut, eine andere, eine bessere Hand zu spüren als jene, die mich gefangen hält und würgt."

„Sie haben eben gesagt: ‚Es tut gut'. Das ist der Anfang", sagte der Retter bestimmt. „Diesen Anfang wollen wir miteinander festhalten, damit wir uns vom Leid und der Angst lösen können, die uns niederdrücken. Festhalten; denn ohne einen festen Halt können wir uns nicht erheben und nicht weiterfinden."

„Ich habe mich schon lange nicht mehr an Gott festgehalten", klagte die Frau. „Ich war sehr sicher geworden, denn wir hatten alles erreicht: Das Haus war gebaut, die Kinder gesund, mein Mann hatte eine gute Position im Betrieb. Ich hatte erreicht, was ich mir von Anfang an zum Ziel gesetzt hatte: eine perfekte Frau und Mutter zu sein. Meine Freundinnen bewunderten mich. Glücklich war ich nicht, nicht einmal zufrieden. Ich wollte immer noch mehr und mehr und wusste nicht einmal, wovon ich eigentlich mehr haben wollte... Auf einmal, die Erkenntnis überfiel mich wie ein Blitz, war mir die Kraft ausgegangen. Ich fühlte mich wie ausgelaufen, mehr und mehr niedergedrückt, traurig. Bald war auch das letzte Gefühl für meine Umgebung und für mich ausgelaufen; keine Freude, nicht einmal Trauer. Ich fühlte gar nichts mehr. Ich wusste nicht mehr, wie es weitergehen sollte."

„Sie wussten nicht mehr, wie Sie weitergehen sollen", korrigierte sie der Retter. „In der Bibel wird eine heilsame Be-

gegnung erzählt: Jesus legt einer niedergedrückten Frau die Hände auf und sie kann sich aufrichten. Weil sie von ihm aufgerichtet wurde, konnte sie sehen, wie es weitergehen sollte. Es war eine heilende Begegnung.
Wir brauchen Begegnungen mit Menschen, die uns nicht fallen lassen, die uns zur Seite stehen, die uns stützen; die uns aufrichten; gerade dann, wenn wir für uns nichts mehr tun können. Es gibt in Ihrem Leben solche Menschen, die bereit sind, jetzt alles für Sie zu tun. Sie müssen das nur zulassen. Entlasten sie sich von allem, was Sie belastet. Lassen Sie alle Sorge und Verantwortung los, die Sie jetzt nicht tragen können. Das wird Sie aufrichten. Das lässt Sie neue Kraft schöpfen. Ihr Mann und Ihre Nachbarinnen werden Ihnen dabei helfen."
In die dunklen Augen der Frau traten Tränen: „Mein Gott, wenn mein Mann wüsste, was ich tun wollte. Helfen Sie mir. Ich bin schuldig geworden."
Der Retter tröstete: „Es braucht viel Mut und Zuversicht, nicht vor sich selber davonzulaufen. Deswegen müssen wir uns zuerst befreien von den Fesseln falscher Schuldgefühle. Sie dürfen sich eingestehen, keine perfekte Frau zu sein. Sie dürfen Fehler machen. Sie dürfen kraftlos und niedergedrückt sein. Sie dürfen krank sein. Das ist das eine."
Er nahm wieder ihre Hand und wieder durchströmte sie ein Gefühl, das sie schon lange nicht mehr erlebt hatte. „Das andere ist genauso wichtig: Es gibt einen, der mächtiger ist als alle Angst, der stärker ist als alle Kraftlosigkeit, der die Verzweiflung nicht zulässt. Dieser eine will Ihre Gesundheit. Halten Sie sich am Willen unseres Vaters im Himmel fest."
„Es gibt einen im Himmel...", wiederholte die Frau und ließ ihre Tränen fließen.
Der Retter wartete einige Atemzüge lang. Dann sagte er: „Legen Sie jetzt alles in diese Tränen hinein, was Ihnen das

Leben so schwer gemacht hat. Stellen Sie sich vor, wie das ganze unsagbare Leid der letzten Wochen aus Ihnen herausläuft wie in einem großen, lösenden Strom. Vertrauen Sie das dem Fluss an, der dort vorüberzieht. Er ist groß genug, um alles Leid zu tragen wie der, der einst alles Leid der Menschheit zu Gott getragen hat."

Wieder wartete er einige Zeit. „Loslassen macht gesund. Der Glaube macht gesund. Vertrauen macht gesund. Der Glaube bringt den Willen zurück zu leben. Neue Lebenskraft. Neuen Lebensmut."

Der Retter sprach diese kurzen Worte langsam und eindringlich, so, als wolle er alles, was in seiner Macht lag, in die lebensmüde Frau hineinlegen.

Die Frau atmete tief und richtete sich langsam auf.

„Soll ich Sie nach Hause begleiten?", fragte der Retter.

„Nein. Danke. Diese ersten Schritte will ich, diese Schritte muss ich allein gehen. Es sind die wichtigen Schritte in die Zukunft."

Doch eine Wunde bleibt

„Im beiderseitigen Einvernehmen wird die Ehe des Paares Stefan und Anja Grollmann geschieden. Der Scheidungsbeschluss wird den Parteien noch schriftlich zugestellt."
Stefan Grollmann wiederholte in seinem Kopf die Worte des Familienrichters wieder und wieder. Sein Rechtsanwalt hatte sich schnell verabschiedet, als er merkte, dass jetzt mit seinem Mandanten nicht zu reden war. Als der gerade Geschiedene die große Freitreppe des Amtsgerichts hinunterging, wartete auf der vorletzten Stufe ein Mann auf ihn.
„Es ist nicht gut", sagte der unvermittelt, „wenn der Mensch in seiner Trauer oder in seinem Zorn allein bleibt. Darf ich ein paar Schritte mit Ihnen gehen?"
Stefan Grollmann antwortete nicht und der Fremde begleitete ihn. Sie gingen auf die große Brunnenanlage des nahen Parks zu. Hierher war Stefan oft mit Anja gekommen, damals, als es mit ihnen angefangen hatte. Beide liebten das Rauschen und Sprudeln des Wassers und konnten sich dabei schweigend ansehen. Im Ansehen entdeckten sie sich; sie fanden ein Stück von sich im Andern...
Noch immer ging der Fremde neben ihm und Grollmann hatte auf einmal das sichere Gefühl, dass da einer nicht nur neben ihm ging, sondern auch mit ihm trug.

„Solange es die Ehe gibt, solange gibt es auch ihr Scheitern", sagte der Fremde. „Das ist das ewige Schicksal des Menschen: Er kann ohne einen anderen nicht leben; er kann mit einem anderen nicht leben. Eine Wunde bleibt ihm immer, so oder so."
„Wie wahr er redet", dachte Grollmann und war doch mit seinen Gedanken bei Anja. „Eine Wunde bleibt immer, so oder so." Genauso waren die letzten Monate ihrer Ehe gewesen, seit Anja den anderen kennen gelernt hatte. „Ich liebe ihn", hatte sie immer wieder gesagt; „ich liebe ihn mehr als alles." Eine andere Erklärung wusste sie nicht. Sie hatten miteinander gerungen und gekämpft, gelitten, geweint und gehofft. Sie hatten einander angeschrien; sie hatten gegeneinander geschwiegen. Fast hätte er sie geschlagen. Alle seine Versuche, Anja zurückzugewinnen, hatten nichts gebracht. Heute war es nun endgültig geworden; Anja war nicht einmal zum Gerichtstermin erschienen. Sie hatte sich von ihrem Rechtsanwalt vertreten lassen.
„Sie wollte nicht noch mehr Kränkungen aufhäufen", sagte der Fremde, als könne er Gedanken lesen. „Anja fühlt sich schuldig und kennt doch nur ihre Liebe als Schuld. Wir werden krank, wenn wir einen anderen kränken müssen. Und wir werden krank, wenn wir nicht lieben dürfen. Krank an Sehnsucht sind wir alle. Für viele erfüllt sich das Wort des Dichters: ‚Dort, wo du nicht bist, dort ist das Glück'."
„Ich habe Anja sehr geliebt; ich liebe sie noch immer. Mir wäre lieber, sie wäre gestorben", antwortete Stefan und fragte sich zugleich, warum er so mit diesem Fremden redete, wie er noch mit keinem Menschen geredet hatte: „Ich brauche Anja..."
„Wer gebraucht wird, ist nicht frei." Der Fremde sagte es ohne Vorwurf. „Wir Menschen brauchen es, dass wir einander brauchen. Doch darin liegt eine große Gefahr. Wir halten

einander fest. Wir geben nicht frei. Die Liebe braucht Freiheit." – „Ist Anja jetzt frei, weil sie den anderen liebt? Ich habe sie geliebt und sie hat mich geliebt; waren wir deshalb nicht frei? Warum liebt der Mensch, wenn er frei sein will?" Stefan stellte die Fragen so, als erwarte er keine Antwort.
„Wer liebt, der ist sehr verletzlich", der Fremde sagte es, als habe er seine Erfahrung damit. „Wer liebt, kann leicht verwundet werden, denn er muss dem, den er liebt, die Freiheit lassen. Deswegen führt eine Liebesbeziehung nicht immer in die Glückseligkeit. Manchmal müssen wir aus dem Paradies ausziehen und wieder die Einsamkeit erleiden. Auch das gehört zur Liebe."
„Und der andere?" Stefan nannte keinen Namen. Der andere war für ihn namenlos. – „Was änderst du, wenn du Georg mit Hass und Feindschaft verfolgst?", fragte der Fremde.
Georg. Das war der Name, der sie trennte. Woher kannte der andere den Namen dessen, der ihm Anja genommen hatte?
„Und wie ich ihn hasse", schrie es aus Stefan heraus. „Wie ich ihn hasse!"
Der Fremde schwieg und ging neben Stefan her. Dann blieb er stehen und blickte Stefan an: „Liebe bedeutet auch Versöhnung. Wer fähig zur Versöhnung wird, bekennt damit, dass er selber schuldig ist. Keiner von uns Menschen ist ohne Schuld. Wir alle sind schwach und verführbar. Weil wir Menschen begrenzt sind in unserer Liebe, werden wir aneinander schuldig, ob wir wollen oder nicht."
Stefan schwieg.
„Ihr habt euch gegenseitig nicht richtig gefordert. Eure Liebe war keine Leidenschaft mehr, sondern nur noch ein Tauschgeschäft, Anpassung, Routine. Schließlich Langeweile. Und dann kam einer, der leidenschaftlich lieben konnte. Aus diesem Strudel kam Anja nicht mehr heraus."
Stefan schwieg noch immer.

„Ich weiß, was Leidenschaft ist", sagte der Fremde. „Sie reicht tief hinein bis in den Tod. Leidenschaft meint immer den anderen mit Haut und Haaren. Du hast eigentlich nur dich gemeint, Stefan. Was du jetzt Liebe nennst, ist eigentlich Trauer und Wut. Trauer, dass Anja für dich verloren ist. Wut, dass ein anderer Anja hat."

„Wir machen alle Fehler", gab Stefan widerstrebend zu.

„Anja suchte in ihrer Liebe mehr als du. Sie suchte Begegnung. Sie suchte Zärtlichkeit und Halt. Sie wollte an deiner Seite Geborgenheit finden. Du hast vor allem an deine Karriere, an dein Vorwärts kommen gedacht. Deswegen bist du nie richtig heimgekommen, wenn du aus dem Betrieb kamst. Dein Haus und das Bett waren für dich am Ende nur noch Entspannung nach dem Druck und dem Stress in deinem Beruf. Diesen Druck hat Anja nicht mehr ausgehalten; denn sie bekam nicht, was sie suchte."

Stefan schwieg. Er war mit den Gedanken beschäftigt, die der Fremde so klar und deutlich angestoßen hatte.

„Das alles passte am Ende nicht mehr zusammen", sagte dieser schließlich.

„Und doch zeigt sich noch in den Mängeln und in unserem Scheitern die Sehnsucht nach Zweisamkeit und nach Glück. Du solltest Anja ihr gewonnenes Glück gönnen."

Stefan blieb stehen: „Meinen Sie das im Ernst? Ihr das Glück gönnen, während ich…?"

„Wir Menschen lernen ein Leben lang, wie wir zu unserem Recht kommen. Wir pflegen die Konkurrenz, schüren den Neid, füttern die Rachegedanken, setzen auf die Kraft des Stärkeren und Mächtigeren. Das alles tötet die Liebe. Wenn du dich von alledem frei machst, bist du wieder etwas wert; wirst du wieder liebenswert. Dann findest du wieder die Liebe, die du verloren hast. Du hast es noch gar nicht bemerkt, dass du die Liebe verloren hast."

Der Fremde war in allem, was er sagte, sehr sicher.
„Dann bin ich an allem schuld?“, fragte Stefan.
„Manche Partner scheitern an der Überforderung ihres Ideals; ihr seid an der Unterforderung der Liebe gescheitert. Anja ist an deiner Seite buchstäblich verhungert, weil du nicht mehr in die Liebe investiert hast. Anja war für dich wie ein sicherer Besitz geworden. Sie stand zur Verfügung, mehr war es nicht mehr! Anja hätte vor allem einen Platz in deinem Herzen gebraucht. Aber dieser Platz war besetzt mit allerlei Plänen und Aufgaben, die dir wichtiger waren. Dabei hängt alles an dem großen Ereignis der Liebe. Und wo die Liebe abhanden kommt...“
Stefan blieb erneut stehen: „Wo die Liebe abhanden kommt? Ich begehre Anja noch immer!“
Der Fremde packte Stefan an der Schulter: „Merkst du denn immer noch nicht, dass die Begierde keine Liebe, sondern nur eine andere Form der Macht ist über einen Menschen? Anja konnte, Anja durfte sich an deiner Seite nicht entwickeln. Du hast sie nicht einmal an deinen Gedanken, geschweige an deinen Plänen teilnehmen lassen. Genau das aber ist Treue: den anderen zu seiner Reife zu bringen. Dann wird die Liebe ganz weit und offen; dann braucht sie andere nicht zu fürchten.“
„Aber heißt es nicht auch ‚Was Gott verbunden hat, das soll der Mensch nicht trennen‘?“, fragte Stefan. „Dann kann sie doch nicht einfach mit einem anderen weglaufen! Anja ist gläubig; ich, ich war es...“
„Wenn Gott verbindet, dann werden Menschen nicht aneinander gekettet. Wie und ob Gott verbindet, bleibt überdies sein Geheimnis. Denn Gott kann nicht gezwungen werden, etwas gutzumachen, was die Menschen falsch angehen.“
„Ich habe wirklich manches, ich habe vieles falsch gemacht.“

Stefan sagte es in einem trotzigen Ton wie einer, der überführt wurde und dies trotzdem nicht einsehen will.
„Du verstehst das Geheimnis noch nicht!"
„Welches Geheimnis?", fragte Stefan.
„Das Geheimnis, das in jeder Liebe und in jeder Ehe verborgen ist", erklärte der Fremde. „Manche kommen nie hinter dieses Geheimnis."
Der Fremde sah Stefan voll ins Gesicht: „Die Liebe hat als schönsten Schatz die Versöhnung. Die Versöhnung lässt alle Wunden heilen. Weil es kein Zusammenleben ohne Schuld gibt, muss der Schatz der Versöhnung von den Liebenden gepflegt werden. Es ist der schönste Dienst, den sie sich schenken können. Wer nicht verzeihen kann, kann auch nicht lieben."
Unter diesem Gedanken gingen beide weiter bis zu einer Brücke, die über einen künstlichen Wasserlauf führte. Auf der anderen Seite der Brücke war Stefan allein.
Doch das letzte Wort blieb ihm im Ohr und machte sein Inneres auf eine seltsame Weise warm und frei: „Wer nicht verzeihen kann, kann auch nicht lieben."

Sich Neues zutrauen

Es war kalt und dunkel geworden. Nur noch wenige Menschen hasteten durch die schmale Gasse der Fußgängerzone. Sie beachteten den Mann nicht, der an einer Ecke hockte. Vor ihm, auf einem Sack, lag ein kleiner, grauschwarzer Hund. Seine weißen Haare an der Schnauze verrieten, dass er schon die längste Zeit seines Hundelebens hinter sich gebracht hatte. In der Blechdose daneben lagen einige messingfarbene Münzen.

„Ich setze mich zu dir." Der Mann, Mitte dreißig, in Blue Jeans und grauer Wolljacke beugte sich herunter und streichelte den Hund. Der wedelte freundlich mit dem Schwanz und begann die Hand des Mannes zu lecken.

„Er mag dich", sagte der Landstreicher und machte eine einladende Bewegung. „Das ist ein gutes Zeichen für dich. Pluto", er nannte den kleinen Hund tatsächlich Pluto, „versteht von Menschen mehr als ich. Er nimmt Freundlichkeiten nur von denen an, die er mag. Ich heiße übrigens Willi."

Der Landstreicher streckte seine Hand aus. Eine sympathische, gebräunte Hand, über deren Rücken sich eine kaum verheilte Bisswunde zog. „Ich musste Pluto gegen den wildgewordenen Dackel einer feinen Lady verteidigen", sagte er und deutete auf seine Narbe.

„Meine Freunde nennen mich Chris", antwortete der andere und drückte Willi die Hand.
Dieser rückte ein wenig zur Seite, damit Chris auf der schmalen Stufe neben ihm Platz nehmen konnte.
„Du siehst nicht gerade nach der Straße aus." Willi hatte seinen Nachbarn mit Kennerblick gemustert.
„Und doch bin auch ich ständig unterwegs, mal hier, mal dort", antwortete Chris. „Ich bin gerne dort, wo Menschen sind."
„Heute sind dir wohl die Menschen ausgegangen! Kein Wunder bei dem Wetter! Ich werde meinen Laden schließen", meinte Willi.
„Hast du genug eingenommen?" fragte Chris.
Willi grinste ein bisschen und schüttete die vier, fünf Zehner aus der Dose in die hohle Hand. „Zusammen mit den anderen Kreuzerchen reicht es für die Nacht. Morgen ist wieder ein Tag." Willi sagte es gleichmütig.
„Jeder Tag hat genug an eigener Plage", sagte Chris. „Es ist gut, wenn man sich nicht zu sehr um morgen sorgt. Das Heute ist wichtig."
Willi schaute ihn von der Seite an, sagte aber nichts.
Chris streichelte wieder den Hund. Pluto genoss die Zärtlichkeiten und legte sich auf seinem Kartoffelsack zur Seite; er wollte auch am Bauch gekrault werden.
„Alterchen, komm, wir müssen weiter", sagte Willi zu seinem Hund.
„Wohin?", fragte Chris.
„Wenn du einen Platz brauchst für die Nacht", antwortete Willi, „dann komm mit! Wir haben in einem Neubau einen Keller ausgemacht und ein bisschen ausgestattet. Du wirst sehen, wir schlafen wie im Grand Hotel."
Willi lachte ein wenig, rollte seine Sachen zusammen und steckte alles in den Kartoffelsack, den Pluto bereitwillig geräumt hatte.

„Wir?“, fragte Chris.
„Da sind noch einige Kollegen. In dieser Woche sind wir zu viert. Keine Sorge, für dich gibt es schon noch eine Ecke.“
Das ungleiche Paar schlenderte durch die engen Gassen der Altstadt; Pluto schnüffelte neben ihnen her. Hinter dem Parkhaus ragte ein Rohbau auf; das Gerüst war bereits bis zum fünften Stockwerk geklettert.
„Wir sind da“, sagte Willi und nahm Chris bei der Hand. „Jetzt ja nicht auffallen, bis wir drinnen sind. Da, die Treppe hinunter.“
Sie stiegen über Bretter und Balken in die Dunkelheit. „Die anderen sind schon da“, sagte Willi und pfiff durch die Zähne. Eine Taschenlampe kam ihnen entgegen und zeigte ihnen den Weg. Hinter einem Bretterverschlag öffnete sich ein kleiner Kellerraum. Zwei Kerzen brannten auf einem Holzbrett, das auf zwei umgestülpte Blecheimer gelegt war und auf diese Weise einen schmalen Tisch bildete. Ein halbes Fladenbrot lag auf dem Tisch. Drei Männer waren im Schein der Kerzen zu erkennen. Einer kauerte in der Ecke, eingewickelt in seine Decke; die zwei anderen bemühten sich um den Spirituskocher, der auf dem rauen Betonfußboden stand. Pluto drängte sich an die Beine von Chris.
„Heute ist Steven dran mit dem Menü“, lachte Willi. „Ich habe Chris mitgebracht“, sagte er ins Halbdunkel.
Die anderen nahmen den Gast kaum zur Kenntnis. Jetzt brannte der Spirituskocher. „Na, endlich“, brummte der eine, reichte Chris die Hand und sagte: „Ich bin Cliff, der Amerikaner. Der in der Ecke ist Paul, er hat heute vermutlich genug getankt; und Steven macht die Suppe.“
Auf Holzkisten gab es Platz für alle. Schweigend starrten sie in die blaue Flamme, die rund um den zu kleinen Topf hochflackerte. Hingebungsvoll rührte Steven in der Brühe. Sie roch nicht übel.

„Chris kann den Teller von Paul nehmen", sagte Willi. „Der war wohl wieder in der Markthalle, weil er so abgefüllt ist?" Willi bekam keine Antwort, aber Steven nahm den Teller, schüttete vorsichtig Suppe aus dem Topf hinein und reichte ihn Chris. „Es geht auch ohne Löffel", meinte er.
Die beiden anderen wurden ebenso bedient und schlürften die Suppe über den Tellerrand. Chris machte es ihnen nach. Er konnte nicht schmecken, woraus die Suppe bestand.
„Schmeckt's?", fragte Steven und grinste.
„Gut, danke!", sagte Chris. „Was Warmes ist immer richtig."
„Habt ihr gehört, er sagt danke!" wandte sich Steven an Cliff und Willi. Die hatten ihre Suppe inzwischen ausgeschlürft und wischten sich gerade den Mund mit dem Handrücken ab. Cliff, den sie den Amerikaner nannten, weil er etwas Englisch beherrschte – er war einige Monate Wachmann bei der Army gewesen – sagte ein wenig gereizt: „Okay, heute du, morgen wieder ich, wir teilen doch alles miteinander. Was soll also das Getue?"
Chris schaute sich im Kellerraum um, die Kerzen flackerten im Zugwind immer nach der einen Seite. Armseliger ging es nicht mehr. Aber es war trocken und einigermaßen warm. Und hier waren Menschen, die teilten miteinander alles, was sie hatten.
„Was ihr einem der Geringsten tut", sagte Chris spontan in die Stille, „das habt ihr mir getan."
„Er redet wie ein Pastor", grinste Steven. „Du bist bestimmt was Besonderes. Woher kommst du?"
„Lass ihn!", sagte Willi. „Er redet darüber nur, wenn er will."
„Ich bin unterwegs, den Menschen eine gute Nachricht zu bringen", sagte Chris. „Dazu bin ich gekommen."
„Also, vom Sozialamt ist er nicht", spottete Steven. „Ich bin gespannt, was du uns mitgebracht hast."
„Ich sag' dir noch einmal, lass ihn!", fiel ihm Willi ins Wort.

Paul rückte näher heran in das Licht der Kerzen. „Ich habe ihn schon einmal gesehen, ich weiß nur nicht wo."
„Wir haben uns alle schon einmal gesehen", antwortete Chris. „Doch nur sehen, das ist zu wenig. Es ist wichtig, dass wir uns auch begegnen. Nur in der Begegnung wird der Mensch zum Menschen. Einer braucht den anderen dazu. In dieser Nacht brauche ich euch; und ihr braucht mich. Es ist unsere Stunde."
„Wir brauchen dich?" Wieder war es Steven, der einen Einwand machte. „Ich vermute, du brauchst uns. Im Freien kann der November schon ganz schön kalt sein."
Chris ließ sich davon nicht beeindrucken. „Es geht in unserem Leben immer um die richtige Stunde. Wer frei sein will, der darf nicht nur im Widerspruch zu seiner Umgebung leben. Er macht sich nur wieder abhängig, wie er es schon vorher war. Ihr habt euch von euren alten Erfahrungen frei gemacht, seid ihr damit aber wirklich frei geworden?"
„Warst du schon mal im Knast?", fragte Steven. „Siehst du, davon habe ich mich elegant befreit; auf dem Weg zum Zahnarzt."
„Frei? In der ständigen Furcht, dass man dich wieder einsperrt. Um jeden Polizisten machst du einen großen Bogen. Nein, das ist nicht die Freiheit, die ich meine", sagte Chris. „Wir alle brauchen eine Freiheit, die uns den Wert, den wir haben, genießen lässt."
„Der letzte Dreck sind wir!" Cliff reagierte heftig. „Der letzte Dreck!"
„Aber ich mag dich, Cliff. Ich mag euch alle. Ich mag euch schon deswegen, weil ihr es besonders schwer habt, euch in den bestehenden Ordnungen zurechtzufinden und euch gegen die Übermacht der Gesellschaft durchzusetzen."
Chris schaute sie der Reihe nach an. „Willi, du hast deine Scheidung noch immer nicht verkraftet. Paul hat seinen

dritten Entzug nicht geschafft. Cliff hat die Arbeitslosigkeit auf die Straße getrieben. Soll es wirklich dabei bleiben? Wie lange wollt ihr in eurem Unglück sitzen bleiben?"
Chris wandte sich an Steven: „Und die kleinen Betrügereien?"
Der war keinesfalls erstaunt über das Wissen des Kellergastes, er lachte und sagte: „Du kennst uns alle ganz gut. Also, wenn du was brauchst, dann lass es mich wissen! Für einen Dreh bin ich immer zu haben."
„Ihr werft euch weg. Ich will aber, dass ihr euch selber wieder annehmt. Der Mensch braucht Respekt vor sich selber", sagte Chris. „Ihr seid schließlich Kinder Gottes."
Steven spottete nicht mehr. Beim flackernden Kerzenlicht war im kleinen Kellerraum eine Atmosphäre entstanden wie in einer Kapelle. Bisher hatte ihnen niemand Gott zugesprochen, weil ihr Leben völlig dagegen sprach.
„Kinder Gottes", wiederholte Willi. „In der Schule hat uns der Pfarrer mal so angeredet, aber ich glaube, er meinte es nicht ernst."
„Ich meine es ernst", antwortete Chris. „Gottes Möglichkeiten sind größer als die der Menschen. Er will deswegen, dass ihr eure Möglichkeiten nutzt. Den Anfang habt ihr gemacht, ihr teilt die Nacht miteinander und was ihr habt. Ihr habt mit mir geteilt und ich will euch mitteilen, was ich habe. Es kommt der Tag, da ihr umkehren werdet, um das Leben auf neue Weise zu beginnen."
„Um wieder ein Spießer, ein Bürger zu werden?" fragte Steven. „Ich bleibe lieber ein Penner."
„Mit den alten Erfahrungen ein neuer Mensch werden! Das Wichtigste an uns ist die Wandlung; sich zu einem zu wandeln, der sich selber achten und über sich selber verfügen kann, weil er geliebt wird. Wenn vielleicht nicht mehr von einem Menschen, dann bestimmt von Gott."

Chris sagte diese Worte so feierlich, als würden sie in einem Gottesdienst gesprochen: „Wer sich geliebt weiß, kann neu anfangen. Ihr alle habt noch mehr Möglichkeiten, als ihr ahnt. Wer das weiß, kann sich und anderen Dinge zutrauen, an die sonst nicht zu denken ist."
Paul reichte Chris eine halbvolle Flasche: „Kein Fusel, französischer Rotwein", sagte er mit einigem Stolz in der Stimme. „Den hab' ich in der Markthalle mitgehen lassen." Er machte eine eindeutige Bewegung. „Trink einen Schluck. Das, was du sagst, tut gut, es wärmt, wie der Wein wärmt."
Chris stellte die angebrochene Weinflasche auf den Tisch zwischen die beiden Kerzen. Er nahm das halbe Fladenbrot, das immer noch dort lag, teilte es in fünf Stücke und sagte: „Esst mit mir dieses Brot. Es ist Leben, denn es schafft Gemeinschaft unter uns und Gemeinschaft mit Gott."
Steven wurde ganz feierlich zu Mute. Er wurde an seine Konfirmation erinnert, als ihm der Pfarrer das Brot mit ähnlichen Worten reichte. Es trieb ihm Tränen in die Augen, als er seinen Anteil nahm und behutsam aß. Verstohlen blickte er zu den anderen. Ihnen ging es offensichtlich ähnlich.
Dann reichte ihm Chris die Flasche. „Der Wein ist rot wie das Blut, das Blut jenes Bundes, der zwischen Gott und den Menschen geschlossen wurde. Wir sollten uns jetzt daran erinnern. Denn ob wir Brot und Wein teilen oder in Gottes Namen beisammen sind, er ist immer mitten unter uns."
Steven trank; ihm wurde ganz warm ums Herz. Er reichte die Flasche an Cliff und sagte: „Kumpel, in Gottes Namen! Wir alle haben mehr Möglichkeiten, als wir ahnen; ja, daran sollten wir uns erinnern."

Ein starker Luftzug brachte die Kerzen fast zum Erlöschen. Als sie wieder ruhiger brannten, sahen die vier, dass Chris gegangen war.

„Mein Gott, habt ihr gesehen, wie er uns das Brot brach und den Wein reichte?“ fragte Paul. „Wir können uns wirklich neue Dinge zutrauen...“
Pluto drückte die Nase fest an die Brettertüre und wedelte mit dem Schwanz.

Der Alte lässt sich finden

Er mochte 50 Jahre alt sein oder ein wenig jünger. Mit einer zusammengefalteten Zeitung saß er am Rand des Springbrunnens. Es war der einzige ruhigere Ort im geschäftigen Hin und Her der großen Markthalle. Ein vielseitiges Angebot unter einem riesigen Glasdach brachte die Menschen aus der ganzen Stadt hier zusammen. Doch sie begegneten sich nicht wirklich. Sie strömten aneinander vorbei, verwirbelten sich vor den Verkaufsläden und Imbissständen und entwirrten sich wieder.

Jetzt setzte sich ein jüngerer Mann, so Mitte dreißig, an das sprudelnde Wasser, das eine friedliche Atmosphäre verbreitete. Er deutete auf die Schlagzeile des Blattes, das der andere gerade entfaltet hatte: „Arbeitsloser rottet ganze Familie aus, fünf Tote!“ – „Unbegreiflich!“, sagte der Jüngere. „Unbegreiflich, wie das passieren kann!“

„Ich kann das sehr gut verstehen“, sagte der Ältere und schlug mit der Zeitung auf das Tischchen vor ihm. „Seit acht Monaten bin ich arbeitslos. Da kommen einem die dümmsten Gedanken. Vor allem, wenn die Menschen so simpel daherreden: ‚Wer arbeiten will, bekommt Arbeit!‘ – ‚Faulenzer gab es schon immer!‘ Nach zwei, drei Dutzend Absagen denkt und redet man anders. Die Freunde, die noch Arbeit haben, berichten, dass sie Überstunden schieben müssen auf Teufel komm raus."

„Unbegreiflich, dass es keine Menschen gibt, die dem anderen beistehen, wollte ich eigentlich sagen", meinte der Jüngere. „Unbegreiflich, dass es deswegen so weit kommen konnte: Fünf Menschen, die sinnlos gestorben sind."

„Menschen? Ich sitze jeden Tag hier und beobachte die Menschen", sagte der Arbeitslose. „Mehr und mehr wächst in mir das Gefühl: Du bist gar kein Mensch, du bist ein Außenseiter. Du bist ein Sozialfall. Du taugst zu nichts mehr. Und da kann einem schon der Gedanke kommen: Wozu eigentlich noch? Mach doch Schluss mit allem!"

„Aber du hast Familie?", fragte der Jüngere.

„Natürlich. Keine Sorge. Das klappt auch noch", antwortete der Arbeitslose. „Wenn ich an meine Frau und an meine drei Kinder denke, der Älteste wird heuer 20, dann sage ich mir: Irgendwie schaffst du das noch bis zur Rente. Doch dann überlege ich: Du bist 50. Du hast keine Chance mehr. Und dann hörst du die Leute sagen – ich weiß, sie meinen es gar nicht so: ‚So schön wie du möchte ich es auch einmal haben, das ganze Jahr bezahlten Urlaub.' Weißt du, das schmerzt ganz schön da drinnen. Andere sagen es dir deutlicher: ‚Wir müssen uns abschuften und die Arbeitslosen kassieren!' Da kommst du schnell an dein Ende."

„Es gibt immer noch die Hoffnung", warf der Jüngere ein, „die Hoffnung, dass..."

„Wenn du das zehnte Mal vergeblich beim Arbeitsamt warst, stellst du dich nicht mehr in die Schlange. Da hast du keine Hoffnung mehr!"

Der Jüngere ließ sich nicht beirren: „Der Glaube gibt uns eine Hoffnung, die über unsere Enttäuschungen hinausreicht. Für einen, der noch hoffen kann, ist die Zukunft nicht mit Brettern vernagelt. Die Gemeinde der Christen..."

Wieder unterbrach ihn der Arbeitslose: „Komm mir bloß nicht mit der Kirche! Ganz am Anfang, ich war ein paar Wochen ohne Arbeit, da denke ich, du könntest wieder mal in die Kirche gehen, vielleicht hilft das. Kann ja nicht schaden, dachte ich, das, was du als Kind gelernt und geglaubt hast. Da las der Pfarrer in der Kirche vor: ‚Wer nicht arbeitet, der soll auch nicht essen.' Ich hätte schreien können!"
„Und warum hast du nicht geschrien?", fragte der Jüngere. „Ja, die Menschen sollten in der Kirche schreien, damit die Christen aufwachen. Meinst du, Jesus hätte das gewollt, was da in manchen Gemeinden abläuft? Ja, du hättest schreien sollen, vielleicht hätte der Pfarrer, vielleicht hätten auch manche Christen gemerkt, dass sie längst neben dem Evangelium sitzen. Es kann sein, dass dich deine Enkelkinder einmal fragen: ‚Warum hast du geschwiegen und geschluckt?'"
Der Arbeitslose zuckte abweisend mit den Achseln. „Darf ich dir ein Bier bestellen?"
Der Jüngere nickte: „Übrigens, dein Pfarrer hat aus Paulus zitiert, ‚Wer nicht arbeitet, soll nicht essen'. Die Verhältnisse in Korinth waren vor 2 000 Jahren ganz anders."
„Die Kirche hat nichts dazugelernt", meinte der Arbeitslose. „Die Pfarrer halten es mit den Reichen."
„Nicht nur die Kirche", antwortete der Jüngere. „Die ganze Gesellschaft hat noch nicht begriffen, dass die Arbeitslosigkeit eine Krankheit des Systems ist. Eines Systems, das auf Geld aus ist und nicht auf den Menschen. Weil das System krank ist, werden viele Menschen krank."
„Bist du ein Gewerkschaftler?", fragte der Arbeitslose misstrauisch. „Die reden auch so wie du. Aber ändern können sie nichts."
Der Jüngere lächelte: „Wenn es keine Gewerkschaften gäbe, würde ich sie gründen. Einer trage die Last des andern. Solidarität ist gut. Christen sollten in der Gewerkschaft sein,

denn sie können nicht einfach Ja und Amen zu den Verhältnissen sagen. Es geht um Wandlung oder der Mensch geht vor die Hunde."

„Wandlung?"

„Ja, Wandlung", antwortete der Jüngere. „Es genügt nicht mehr, die Welt zu erklären. Es genügt nicht mehr, die verschiedenen Wirtschaftssysteme zu studieren oder zu verbessern. Der Mensch muss sich wandeln, damit die Gesellschaft verändert werden kann."

„Was kann ich schon verändern? Ich bin ausgeschlossen von allem und jedem. Wer keine Arbeit hat, kann nicht mitreden. Das ist nun mal so. Protestieren kann ich. Aber was ändert das schon?"

Der Kellner stellte dem Jüngeren ein Glas Bier auf das Tischchen und starrte auf die Schlagzeile: „Arbeitsloser rottet ganze Familie aus..."

„Da sieht man es wieder mal", meinte er und ging.

„Hast du das gehört?", fragte der Arbeitslose. „Dem bin ich auch schon ein Dorn im Auge. Ein Verbrecher. Fast ein Mörder."

„Sei doch nicht so empfindlich", sagte der Jüngere. „Dreh den Spieß einfach um: Sei ein Dorn im Fleisch der Gesellschaft. Es hat keinen Sinn, wie eine Fliege ständig gegen die Fensterscheibe zu fliegen. Du darfst nicht resignieren. Du musst dich bemerkbar machen. Deine Not muss die Not aller werden."

„Wen interessiert meine Not? Langsam wird es schon meiner Frau zu viel." Der Arbeitslose griff sich an den Kopf. „Die Christen denken doch auch nur an sich selbst. Die Kirche steht auf der Seite der Reichen, der Unternehmer. Auf der Seite derer, die an der Arbeitslosigkeit noch verdienen."

„Tust du nicht Unrecht?", fragte der Jüngere. „Ist nicht vieles, was heute selbstverständlich ist, dem Einsatz von Menschen zu verdanken, die das Evangelium ernst genommen haben? Von mehr Menschlichkeit im Umgang miteinander angefangen über manche soziale Absicherung bis hin zu der Erkenntnis, dass nichts und niemand das Zeug dazu hat, den Himmel auf Erden einzurichten."

„Komm mir bloß nicht mit dem Himmel!" Der Arbeitslose wehrte ab.

„Und doch ist der Himmel schon da", antwortete der Jüngere. „Jetzt, da wir miteinander sprechen. Merkst du es nicht?"

„Das alles ist für mich zu schwierig", reagierte der Arbeitslose. „Ich möchte ganz einfach wieder eine vernünftige Arbeit, damit ich weiß, wozu ich lebe, und damit wieder Geld ins Haus kommt."

„Du bist nicht nur für die Arbeit da; der Mensch ist keine Maschine", entgegnete der Jüngere. „Nicht die Arbeit gibt dir deinen Wert. Gott, der hinter allem Schaffen und Arbeiten steht, gibt dir deinen Wert."

„Gott?", fragte der Arbeitslose. „Gott ist weit weg. Er kümmert sich nicht um uns. Vielleicht ist er schon gestorben? Jedenfalls habe ich ihn in meiner Welt noch nicht gefunden."

„Und doch warst du vor einigen Monaten in der Kirche", warf der Jüngere ein. „Gib es zu! Du hast ihn gesucht! Und wenn es auch nur der Gott deiner Kindheit war."

„Wo ist der Alte? Warum versteckt er sich? In der Kirche war er nicht zu finden. ‚Wer nicht arbeitet, der soll auch nicht essen!' Ist es das, was er mir zu sagen hat?"

„Der Alte, wenn du ihn schon so nennen willst, ist in den Menschen zu finden", entgegnete der Jüngere. „Menschen, die das begriffen haben und die bei Gott auch nicht wissen, was sie in ihrer Lage tun sollen, beginnen mit einem Protest. Das Wort bedeutet eigentlich ‚Zeugnis'. Sie bezeugen Gott und zeigen, dass sie ‚wer' sind."

Der Jüngere trank einen Schluck.

„Sie schließen sich zusammen und werden dadurch größer als ihr Elend und ihre Not. Natürlich haben sie den Schein gegen sich. Aber sie fangen ganz einfach an, sich ernst zu nehmen, im Namen Gottes, und die Veränderung ist geboren."

„Sie fangen ganz einfach an..."

Der seltsame Gesprächspartner, der sein Bier nur halb ausgetrunken hatte, war in der Menschenmenge der Markthalle untergetaucht.

Wenn der Lotos verblüht

„Ach, Sie sind der neue Stationsarzt.“ Frau Dr. Blass legte das Buch, in dem sie gelesen hatte, auf das Nachtkästchen zurück und musterte den Besucher nachdrücklich. „Sie sehen eher wie ein Psychologe, nein, wie ein Lehrer aus.“

Der Besucher in Zimmer 2005 der Chirurgischen Abteilung des großen Krankenhauses lächelte. „Ich bin nicht der Stationsarzt, ich bin überhaupt kein Arzt, wenigstens kein richtiger! – Entschuldigen Sie, wenn ich Sie in Ihrer Lektüre gestört habe.“

„Ach was, ich bin für jede Abwechslung dankbar.“ Frau Dr. Blass reichte ihrem Besucher das Buch, in dem sie gelesen hatte. Es trug den Titel „Ewig blüht der Lotos“. „Hochinteressant“, sagte sie. „Müssen Sie lesen. Seit meiner schweren Erkrankung interessiere ich mich für den Buddhismus. Alles mit Gleichmut ertragen, gute Zeiten, schwere Tage; das ist die Botschaft, die mir hilft; jedenfalls manchmal. Doch dann, wenn das Morphium nachlässt und die wahnsinnigen Schmerzen wiederkommen...“

Noch bevor der Besucher etwas sagen konnte, fuhr sie fort: „Wissen Sie, der Weg nach innen, die Abkehr von der Welt, das Loslassen und das Aufgeben des Willens zum Leben, das Freiwerden von den Illusionen einer angeblich besseren

Welt, das sind die Antworten, die unsere Welt heute braucht."

„Antworten auch für Sie?", fragte der Besucher. „Gibt Ihnen der Buddhismus eine Antwort auf Ihr Leben? Auf Ihre Krankheit? Auf Ihre Schmerzen?"

Die Kranke legte sich zurück und fragte: „Was bin ich, was bedeutet meine Krankheit im großen Weltenplan? Millionen Menschen sind krank, sie sterben. Die Erleuchteten, jene, denen es gelungen ist, sich freizumachen vom Leid und vom Elend, gehen ein in die Stille. Die Abwendung von der Welt bringt Gelassenheit, Heiterkeit, Harmonie, Frieden. Das ist es, was ich mir wünsche. Ich habe das alles nicht gefunden. Noch nicht. Manchmal fürchte ich, ich werde diese Ausgeglichenheit und diese Gelassenheit nie erreichen."

„Es ist schön in diesem Haus." Der Besucher ging nicht direkt auf die Gedanken von Frau Dr. Blass ein. „Es ist alles blitzsauber hier und die Kranken werden gut versorgt. Doch die Welt draußen sieht ganz anders aus: Millionen gehen auf den Straßen zu Grunde, sie verhungern, werden durch Kriege und Bürgerkriege umgebracht; ganze Völker werden ausgerottet. Es ist keine friedvolle Welt, in der wir leben. Je mehr wir uns von dieser Welt und den Menschen abwenden, um so schlimmer und unmenschlicher wird es. Die Menschen brauchen Zuwendung, sie brauchen Menschen..."

„Ich habe keinen Menschen mehr", unterbrach die Kranke ihren Besucher. „Ich bin allein stehend. Solange ich die Praxis hatte, war ich für viele Menschen da. Jetzt muss ich mit mir selbst zurechtkommen." Es sollte selbstbewusst klingen, doch viel Enttäuschung und Einsamkeit waren aus den kurzen, heftigen Sätzen herauszuhören.

„Und doch sind ständig Menschen um uns, die für uns wichtig sind: die Schwestern, die Pfleger, die Ärzte, die Reinemachefrau, die gerade Ihr Zimmer in Ordnung gebracht hat..."

„Hat sie Ihnen etwas gesagt? Kommen Sie deswegen zu mir?", fragte die Kranke misstrauisch. „Die Putzfrau hat mir von ihren Kindern und ihrem Mann erzählt; sie hat mich bedauert, weil ich allein bin und ganz selten Besuch bekomme. Und sie hat gesagt: ‚Der Buddhismus hilft Ihnen nicht'. Bedauern und Mitleid, primitive Ratschläge. Das ist genau das, was ich in meinem Zustand nicht gebrauchen kann. Das macht mich alles nur noch kränker und einsamer."
Frau Dr. Blass machte eine heftige Handbewegung, als wolle sie ihre Worte wegwischen. „Was sagen Sie zum Buddhismus? Ist er nicht die Antwort auf unsere überspannte Zivilisation und auf einen Menschen, der übersättigt ist durch den Genuss, den Konsum, durch die Flut der Angebote und der angeblichen Notwendigkeiten?"
„Der Reiche muss vor sich und seinen Ansprüchen fliehen. Der Arme braucht einen Menschen, der mit ihm geht und mit ihm teilt. Menschen, die alles haben und sich alles leisten können, liebäugeln mit der Nichtigkeit der Dinge. Wer alles hat, tut sich leicht, mit dem Gedanken zu spielen, arm zu sein und nichts zu haben. Für die meisten bleibt es ein Spiel. Ein Spiel mit der Armut; doch die anderen sitzen in ihrem Elend und warten auf einen, der ihnen hilft. Die Armen brauchen keinen, der sie vertröstet."
Der Besucher nahm das Buch wieder auf, das er auf das Krankenbett zurückgelegt hatte. „Sehen Sie dieses Bild: ein lächelnder Buddha, den nichts mehr, weder Leid noch Freude, weder Hunger noch Tod berühren kann. Er sitzt in der Blütenschale der Harmonie; die Not der anderen scheint ihn nicht zu interessieren..."
Der Besucher wandte sich um. Dann deutete er auf das Kreuz, das an der Wand gegenüber dem Krankenbett hing: „Da ist der große Unterschied. Der da hat sich berühren lassen von der Not. Er hat das Leid der Menschen selber getra-

gen und trägt es noch bis heute. Dazu ist er in diese Welt gekommen, um den Menschen nicht allein zu lassen. Deswegen gibt es an diesem Kreuz keine Harmonie. An diesem Bild ist nichts Schönes. Da ist jene totale Betroffenheit zu sehen, in die ein Mensch gerät, den das Leid anderer nicht kalt lässt; der sich nicht abwendet. Buddha starb, abgewandt von allem und hochangesehen als alter Mann; dieser starb als junger Mann wegen seiner Hingabe an den Menschen wie ein Verbrecher."

„Der Lotos verblüht. Wissen Sie, was ich heute Nacht geträumt habe?", fragte die Kranke. „Ich sah den Erleuchteten wie hier auf dem Titelbild des Buches, freundlich lächelnd und in sich ruhend auf der Lotosblüte. Auf einmal welkte die Blüte, sie konnte den Erhabenen nicht mehr tragen; Buddha versank. Ich träumte das gleiche Bild wieder und wieder. Was soll dieser Traum bedeuten?"

„Wir träumen, was uns bewegt, und wir sehen im Traum, was wir uns wünschen", antwortete der Besucher. „Warten und hoffen Sie auf das, was aus dem See Ihrer Seele aufsteigt. Erinnerungen. Erfahrungen."

„Merkwürdig", antwortete die Kranke und betrachtete dabei intensiv ihren Besucher. „Bitte entschuldigen Sie, aber ich habe, als der Buddha versunken war, im gleichen Traum einen Menschen auf mich zugehen sehen; er schien Ihnen sehr ähnlich. Ich kann mich getäuscht haben. Aber er schien Ihnen ähnlich. Wer sind Sie?"

„Geschwister sind einander immer ähnlich", sagte der Besucher. „Und wir werden Gott ähnlich, wenn wir menschlich zueinander sind. Menschendienst ist Gottesdienst. ‚Was ihr einem der Geringsten getan habt, das habt ihr mir getan' sagt Jesus und er hat recht."

„Was wissen Sie von Jesus?", fragte Frau Dr. Blass. „Hat er wirklich gelebt? Unter uns als Sohn Gottes?"

„Was wissen Sie von Buddha?“, fragte der Besucher zurück. „Er ist der Erleuchtete und hat auf Erden schon das Nirvana erfahren, das sonst nur denen offensteht, die das Leben überwunden haben. Er hat das Leid erklärt, er hat es aufgelöst, er hat es weit von sich gewiesen und lebte deswegen in großer Harmonie und Zufriedenheit bis ins hohe Alter“, antwortete die Kranke. „Seine Jünger bezeugen das noch heute und lehren seinen Weg.“

Der Besucher strich die Bettdecke glatt: „Jesus hat das Leid der Menschen nicht aufgelöst, er hat es getragen. Seine Frohe Botschaft macht sich nicht an Worten fest; sie fordert zur Konsequenz heraus; Nachfolge heißt das in seiner Sprache. Seither gehen viele Menschen seinen Weg und teilen ihr Leben und ihre Liebe mit anderen. Auch sie sind Jünger. Denn sie sind konsequent im Bekenntnis seiner Liebe. Wie er gehen sie notfalls ans Kreuz.“

„Schöne Worte“, sagte Frau Blass.

„Worte, die jeden Tag ins Leben übersetzt werden müssen. Viele Menschen sind deswegen so unerlöst, weil sie sich nicht befreien lassen wollen. Sie hängen so sehr an dieser Welt, sie krallen sich an Geld, Besitz und Gesundheit, dass sie für ihr wahres Ziel blind geworden sind. Damit sind sie lieblos geworden gegenüber den Mitmenschen. Das Ich steht dem Menschen buchstäblich im Weg. Jesus ist gekommen, den Menschen das Du des Vaters anzubieten. ‚Erschienen ist uns die Güte und die Menschenfreundlichkeit unseres Gottes‘, sagt von ihm der Apostel.“

Der Besucher faltete die Hände und hielt einen Augenblick inne.

Dann sagte er: „Güte und Menschlichkeit. Hören und gehorchen. Sehen und verstehen. Wir werden von unserem Vater im Himmel nicht nach unserem Verstand oder unserem Glauben, wir werden nach unserer Liebe gefragt.“

Die Kranke richtete sich auf und nahm dabei den Griff über ihrem Bett zu Hilfe. „Was ist Liebe?“, fragte sie.
„Der Weg der Selbstlosigkeit“, antwortete der Besucher; „ein Weg, der immer den anderen im Auge hat. Jesus ist diesen Weg gegangen, und er hat sich unterwegs vor allem jenen zugewendet, die beladen und belastet sind, die in der Gesellschaft keine Geltung hatten, die durch eine Krankheit ausgeschlossen waren vom Leben in der Gemeinschaft.“
„Dann müsste er auch zu mir kommen“, sagte die Kranke bitter. „Er müsste zu mir kommen und mir meine Schmerzen nehmen.“ – Sie bemerkte nicht, dass ihr Besucher freundlich lächelte. – „Seit klar ist, dass ich unheilbar an Krebs erkrankt bin, bekomme ich kaum mehr Besuch. Meine Freundinnen entschuldigen sich am Telefon. Sie wollen Rücksicht nehmen, sagen sie; in Wirklichkeit haben sie Angst vor der Auseinandersetzung und lassen mich in meiner Angst allein. Dabei wäre es so gut, wenigstens einen Menschen zu haben.“
„Ja, wir alle brauchen einen Menschen. Weil Jesus liebte“, erklärte der Besucher, „war er nicht allein, und er ließ nicht allein. Wer in der Liebe lebt, der lebt mit Gott. Das ist die große Botschaft des Evangeliums. Die Liebe überwindet die Angst und die Einsamkeit. Wenn kein Mensch mehr da ist, Gott ist da. Sagen Sie deswegen jeden Tag: ‚Lieber Vater im Himmel, bleibe bei mir‘, das schenkt Ihnen Ruhe, Geborgenheit und Kraft, die Sie jetzt nötig haben.“
„Wie darf ich einen meinen Vater nennen, den ich schon lange nicht mehr gesucht habe? Buddha lehrt: Es gibt keinen Gott. Es gibt keinen Vater, der uns beim Namen kennt und der auf uns wartet. Wenn wir ohne Leidenschaften, friedvoll und harmonisch gelebt haben, dann erwartet uns ein seliges Nichts.“ Frau Dr. Blass schaute den Besucher fragend an.

„Der Vater ist schon in uns. Wenn wir unseren Willen nach seinem Willen ausrichten, sind wir ein Teil von ihm geworden. Wir können nicht verloren gehen, weil seine Liebe uns hält. Ich bin überzeugt, auch Buddha hat den Vater gefunden, als sein Lotos verwelkte. Einen Vater, den er nicht erwartete und doch ersehnte; einen Vater, der auf ihn wartete und seine letzte Sehnsucht erfüllte. Buddha hat den Namen Gottes nie ausgesprochen; aber er hat ihn in seinem Herzen getragen wie einen Schatz."

„Buddha ist friedvoll heimgegangen, habe ich gerade gelesen", sagte die Kranke. „In großer Heiterkeit starb er nach einer Lebensmittelvergiftung im hohen Alter und im Kreis seiner Jünger. – Harmonie und Frieden, das ist es, wonach ich suche. Was aber bekomme ich? Angst und Schmerzen. Verlassenheit und das schwere Gefühl, nichts Wirkliches im Leben erreicht zu haben. Wer so stirbt, sagt Buddha, muss erst wieder geboren werden im Kreislauf der Zeiten, bis er die ganze Harmonie und die große Gelassenheit erreicht hat, die eine Wiederkehr unnötig machen."

Die Kranke legte sich zurück und griff nach dem Tablett auf dem Schränkchen. Doch der Besucher war schon aufgestanden und reichte ihr die Tasse mit Tee.

„Ja, Buddha starb in Harmonie", bestätigte der Besucher, während Frau Blass den Tee in kleinen Schlucken trank. „Nicht vielen wird ein solch friedlicher Tod geschenkt."

Der Besucher wartete einen Augenblick und stellte die Tasse zurück.

„Jesus von Nazaret starb in größter Einsamkeit und schwerster Qual. Er wollte alles erleiden, was der Mensch in dieser Welt erleiden muss: von den Freunden verlassen, ohne Verständnis bei seiner Familie, sogar von Gott vergessen. Er machte sich zum Bruder aller Leidenden, zum Träger allen Leides, das nur denkbar ist. Noch im Tode ließ er die Seinen

nicht allein. Es geht um den einen Tod, nicht um viele; wie es um das eine Leben geht. Sein Todesschrei am Kreuz ist der Schrei nach Leben."
„Schrei nach Leben?", fragte Frau Blass.
„Der Schrei des Menschen, den der Vater hört. Der Tod treibt uns ins Leben. Was den Tod treibt, ist die Liebe. Denn die Liebe ist stark wie der Tod. Sie ist stärker als der Tod. Die Liebe überlebt den Tod. Wer nicht liebt, bleibt im Tode. Wer aber liebt, der findet Frieden und Harmonie bei Gott, wie groß sein Leid auch gewesen ist. Die Harmonie ist in unserer Welt nicht zu finden."
Der Besucher reichte der Kranken noch einmal Tee.
„Der Lotos verblüht. Die Liebe überlebt. Harmonie und Frieden beim Vater", hörte der Besucher Frau Blass sagen.
Dann waren nur noch die sanften Atemzüge der Kranken zu hören. Sie war eingeschlafen.
Als die Krankenschwester nach ihr sah, wunderte sie sich, dass Frau Blass die Morphiumtropfen nicht brauchte, wie sonst alle drei Stunden.

Gott ist keine Frage

Er war ziemlich außer Atem, als er endlich den Gipfel erreicht hatte. Von Jahr zu Jahr fiel es ihm schwerer; vor allem das Atmen. Jetzt aber war er stolz auf sich: Für einen Mann in den Siebzigern ist ein Dreitausender eine gute Leistung. Nach seiner schweren Operation hatte er sich noch einmal ganz bewusst der Herausforderung des Berges gestellt. Unterm Gipfelkreuz, auf dessen Querbalken in Großbuchstaben GOTT IST UNS NAHE eingeschnitzt war, saß bereits ein bärtiger Mann; braun gebrannt und kräftig. „Halb so alt wie ich", schätzte der Alte, „Berg heil!", grüßte er nach altem Brauch. – „Grüß Gott", antwortete der Jüngere. „Hier auf dem Brett ist noch Platz." Er rückte ein wenig zur Seite. „Wir sind heute morgen die ersten auf dem Gipfel." Der Ältere setzte sich und machte sich an seinem Rucksack zu schaffen.
„Ein Schluck Wasser?" Der Jüngere reichte ihm die Flasche. „Danke!" Er trank und reichte die Flasche zurück: „Es gibt nichts Besseres als Wasser nach einem solchen Aufstieg. Übrigens: Ich bin der Bernhard. Über 3 000 sagen wir Bergsteiger ‚du' zueinander, nicht wahr?"
Er reichte dem Jüngeren die Hand. Der schüttelte sie und sagte: „Ich heiße Angelo."

Bernhard nahm ein belegtes Brot aus seinem Rucksack, brach es auseinander und reichte die Hälfte Angelo: „Essen wir einen Bissen miteinander."
„Brot vom Himmel", lächelte Angelo und deutete auf die Kreuzesinschrift über ihnen. „Brot vom Himmel, wenn Gott uns heute so nahe ist."
„Es kommt eher von tief drunten, aus dem Tal der Menschen", meinte Bernhard. „Brot der Mühsal und Beschwerden."
„Wer das Brot der Menschen teilt", sagte Angelo ein wenig feierlich, „der macht es zum Brot des Himmels."
Bernhard schaute Angelo mit großen Augen an, dann lenkte er ab: „Ich freue mich immer auf den Gipfel. Doch wenn ich das Ziel erreicht habe, werde ich immer ein bisschen traurig."
„Nicht der Gipfel ist das Ziel", antwortete Angelo. „Der Weg ist das Ziel."
„Aber wir wissen nicht, wohin uns die Wege führen", meinte Bernhard und machte mit seinen Händen eine große Bewegung, als wolle er den ganzen Horizont umfassen.
„Der Gipfel eines jeden Berges verrät uns, wo unsere Wege enden." Angelo ließ seine Augen über die eis- und schneebedeckten Spitzen wandern, die sie rings umgaben. „So wie das Wasser immer dorthin zurückkehrt, von wo es ausgegangen ist, gehen auch die Wege der Menschen. Viele wissen allerdings nicht, von wo sie ausgegangen sind."
Bernhard schwieg. Der sympathische junge Mann hatte seine offene Wunde berührt. Schließlich fragte er ihn: „Glaubst du an Gott?"
Angelo schaute ihn mit seinen großen Augen an: „Das ist keine Frage!" – „Dann betest du? Beten ist mir zu naiv", sagte Bernhard. „Warum einen bitten, der mich nicht hört und mich nicht versteht!"

„Für mich ist Gott wie ein Vater, mit dem ich sprechen kann, wie einer eben mit seinem Vater spricht: wütend und bittend, herausfordernd und verzweifelt, fröhlich und hoffnungsvoll. Da gibt es kein Wort, sei es noch so direkt und spontan, das nicht erlaubt wäre. Insofern ist Gott ganz anders als ein Vater."

„Vater unser, das habe ich in der Schule gelernt. Aber was sollen die immer gleichen Worte? Das gleiche Thema?", fragte Bernhard.

„Ist unsere Welt nicht voll von den ewig gleichen Themen?", fragte Angelo zurück. „Liebe und Erbarmen, Brot und Schuld, Angst und Tod, Dank und Freude. Deswegen ist unser Beten immer ein Sprechen über die bekannten Themen. So spannend wie unser Leben ist, so spannend kann das Beten sein."

„Damit ist meine Frage noch immer nicht beantwortet: Gibt es einen Gott? Gibt es wirklich einen, der mich hört? Der mich erhört? Der mich meint, mich, den Bernhard Schuster unter den Milliarden anderer Menschen?"

Angelo antwortete: „Im Beten suchen wir nach Ihm, der so viele Namen und doch eigentlich keinen Namen hat außer dem, den Er selber geoffenbart hat: Ich bin für euch da. Wer nicht betet, findet Gott nicht."

„Ein Vorwurf?", fragte Bernhard.

„Nein", entgegnete Angelo. „Wenn wir ‚Gott' sagen, dann sind wir noch lange nicht bei Ihm angekommen. Die vier Buchstaben können Ihn nicht erfassen; für viele Menschen ist Gott ein Klischee, mehr nicht. Also, lass deine Klischees los..."

Angelo blätterte im Gipfelbuch. Er reichte es seinem Nachbarn und deutete auf eine Seite: „Da, lies, das ist das richtige Gebet für dich."

Bernhard las halblaut den Eintrag: *„Gott, du willst nicht, dass wir fallen und nicht mehr aufkommen, du willst nicht,* *dass wir in die Irre gehen und keine Ruhe mehr finden. Lass uns nicht allein, sondern sende uns von deinem Berg her dein Licht und deine Treue, jetzt und für immer.“*

Angelo nahm das Buch zurück: „Jetzt hast du gebetet. Du bist Gott auf der Spur. Wer Gott beim Namen nennt, gibt ihm die Möglichkeit, lebendig zu werden.“

„Ich kann Gott lebendig machen?“

„Ja, in dir wird Gott nur Leben haben, wenn du es willst“, antwortete Angelo. „Du erinnerst dich an Gott, und er ist da. Aber er ist dennoch ganz anders. Er lässt sich finden und ist in der Ferne. Er ist wie das strahlende Licht und die große Finsternis. Er ist greifbar nahe und lässt sich nicht festhalten. Das darfst du nicht vergessen.“

„Ja, er muss ganz anders sein, als ich Ihn mir vorstellte“, überlegte Bernhard. „Vielleicht habe ich Ihn deshalb verloren.“

„Das ist die Erfahrung, die jeder Beter macht“, antwortete Angelo. „Gott löst nicht unsere Probleme, er antwortet nicht, wie wir wollen. Wenn du so willst: Er taugt zu nichts, jedenfalls nicht im Sinne der Menschen.“

„Dann hat jeder, der betet, die Vernunft gegen sich?“, fragte Bernhard.

„Du bist schon sehr weit gekommen“, freute sich Angelo. „Wer betet, hält sich offen für alles, was unsere Vernunft übersteigt. Damit hat der Beter Zukunft. Er stellt sich ein auf das, was werden kann; auch was aus ihm werden kann.“

„Was aus mir noch werden kann?“

„Wenn du dich offenhältst, kann werden, was noch nicht ist“, sagte Angelo. „Sich offenhalten ist die Lebenshaltung des Glaubens. Und der Glaube sagt immer ‚dennoch‘. Zum Beispiel, wenn wir an den Hunger in der Welt, wenn wir an die Kriege denken. Wie wenig können wir dagegen ausrichten; wie wenig können wir helfen. Aber der Glaube sagt

‚dennoch'. Er lässt uns an Gott festhalten, trotz alledem. Wir sollten darum beten, offen zu bleiben, damit Gott uns mehr ist als nur eine Frage…"

Die Blätter des Gipfelbuches bewegten sich im Wind. Angelo war verschwunden. Als Bernhard nach dem Bändchen griff, in das sich schon viele Menschen eingetragen hatten, lag die Seite mit dem Gebet offen vor ihm. Seine Lippen bewegten sich: „Gott, du willst nicht, dass wir fallen und nicht mehr aufkommen, du willst nicht,dass wir in die Irre gehen und keine Ruhe mehr finden. Lass uns nicht allein, sondern sende uns von deinem Berg her dein Licht und deine Treue, jetzt und für immer."
Dann bemerkte er die Unterschrift. Sie war ganz frisch. In markanten Buchstaben konnte er unter dem Gebet lesen: „Angelo, 29. September 1995, 11.30 Uhr."

Die Sterne verlöschen

Zunächst fühlte er nur die Spur einer leichten, kühlen Hand auf seiner Stirne. Carlos wollte die Augen öffnen, doch er vermochte es nicht. Seine Lider waren bleischwer, angeschwollen durch den Krebs, der seit Tagen auch sein Gesicht erobert hatte. So sehr er sich auch bemühte, nicht mehr als ein sanfter Schimmer drang in sein Inneres. Es war ein zartes Licht, das ihn erfüllte und ganz ruhig werden ließ. Weil er seine Augen nicht öffnen konnte, lauschte er auf den Atem jenes Menschen, dessen Hand noch immer angenehm kühl auf seiner heißen Stirne lag.

Sich leibhaftig begegnen. Sich zärtlich erfahren. Sich hautnah erleben; wie sehr hatte Carlos solche Begegnungen geliebt. Doch jetzt hatte sein Körper nicht einmal mehr die Kraft, auf die Berührung zu reagieren.

Wann hatte er das letztemal Besuch bekommen? Carlos überlegte angestrengt. Ganz am Anfang, als seine Krankheit begonnen hatte, da waren noch einige Freunde gekommen. Aus Neugierde, vielleicht auch aus Mitleid waren sie gekommen. Je weiter es mit ihm bergab ging, desto seltener wurden die Besuche. Jetzt kam niemand mehr, jetzt, da er keine Kraft mehr hatte und da er aussah, als hätte er die Pest mit seinen vielen schwarzen Flecken im Gesicht;

dunkle Beulen in der Größe eines Fünfmarkstücks. Aus dem Mitleid und dem Trost der Freunde war schnell Angst, Ekel und Abwehr geworden.

Er hatte sich geweigert, in den Spiegel zu sehen, als er es noch konnte. Er wollte es nicht wahrhaben, wie sehr ihn die Krankheit mehr und mehr zeichnete. Er wollte sich selber in guter Erinnerung behalten. Zunächst war ja nur ein kleiner, roter Punkt gewesen, unten am Kinn, ein Punkt wie ein harmloser Pickel. Der Pickel wurde zu einer wässrigen Beule und verfärbte sich schnell blauschwarz. Die dunklen Flecken verbreiteten sich am ganzen Körper: im Gesicht, auf den Armen, auf den Beinen. Der Schrecken hatte einen Namen. Er hatte eine Botschaft. Er saugte ihn aus. Er signalisierte Einsamkeit und Ende: „AIDS".

Carlos versuchte, wieder vergeblich, die Augen aufzumachen.

„Streng dich nicht an, Carlos", hörte er die Stimme des Fremden. Der streichelte jetzt seine fleckige Wange. „Streng dich nicht an. Das ist jetzt alles schon viel zu schwer für dich. Du brauchst deine Augen nicht mehr. Es gibt zu viele Augen, die nichts sehen. Doch du kannst bald sehen und verstehen. Du brauchst keine Angst mehr zu haben. Du bist nicht mehr allein. Ich bleibe bei dir."

Angst? Wo war die Angst, die ihn bislang so verfolgt hatte? Die Angst vor dem Leben. Die Angst vor dem Tod. Carlos spürte, dass er etwas besser atmen konnte. Hatte er das Leben nicht schon seit Monaten verloren; damals, als ihm die Haare büschelweise ausgingen. Seine langen Locken, auf die er so stolz war. Damals hatte er sich zurückgezogen und seine Wohnung nicht mehr verlassen. Damals hatte sein langes Sterben begonnen. Monate sollte dieses einsame Sterben dauern.

„Du brauchst keine Haare mehr", hörte Carlos die weiche Stimme sagen. „Bei meinem Vater sind sie alle gezählt. Also, hab' keine Angst. Ich bleibe jetzt bei dir, wenn alle dich verlassen müssen; wenn du alles loslassen musst."

Vor fünf Jahren, ja vor fünf Jahren, erinnerte sich Carlos, da hatte er die Angst zum ersten Mal gespürt. Jenes dumpfe Gefühl in der Magengegend, das immer stärker wurde und gelegentlich so hoch in ihm aufstieg, dass es ihn würgte bis zum Erbrechen. Angst vor der Wahrheit, die er ahnte und zu der er doch nicht stehen wollte und konnte. Angst vor den vier tödlichen Zeichen, die ihm seinen Tod buchstabierten: „A.I.D.S.".

Damals, mitten in die bedrohliche Ungewissheit, traf ihn die betont kühle, distanzierte Auskunft des Arztes wie ein harter Faustschlag mitten ins Gesicht: Der Verdacht hat sich bestätigt: Sie sind HIV-infiziert. Es tut mir leid. Es gibt keinen Zweifel mehr.

Was bedeutet die Auflösung eines Zweifels, wenn damit die Verzweiflung am Bett wie ein böses Tier lauert?

„Wie lange dauert es?", fragte damals Carlos. „Wie lange noch...?", fragte er jetzt.

„Nicht mehr lange, mein Freund", hörte Carlos den Fremden sagen und es klang aus seinem Munde wie eine frohe Botschaft. „Nicht mehr lange, Carlos; der Anfang des Endes ist gekommen. Wer sein Leben verliert, der wird es gewinnen."

Der Arzt hatte ihn damals beruhigt. Jahre, hatte er gesagt, nach unseren heutigen Erfahrungen dauert es noch Jahre, bis die Krankheit ausbricht. Bei Ihrer guten Konstitution! Vielleicht, wahrscheinlich, bestimmt gibt es bis dahin ein wirksames Medikament.

„Die Krankheit", flüsterte Carlos. „Die Krankheit frisst mich auf, bis nichts mehr von mir übrig ist." Ob jemand überhaupt hören konnte, was er nur noch flüstern konnte? Ob jemand noch verstehen konnte, was in ihm vorging? Mit seiner ersten Liebe war er der Krankheit begegnet. Was bedeutet das Leben, wenn die Liebe ruft? Wenn die Lust auf mehr – wovon eigentlich mehr? – alle Bedenken wegschwemmt? Was sind die Jahre wert, wenn die Zeit drängt? Das Glück der Stunde? Der große Augenblick?

Der Fremde hatte seine Hand genommen und streichelte zärtlich mit dem Daumen seinen Handrücken. „Mach es dir ganz leicht, Carlos. Ganz leicht. Es ist an der Zeit loszulassen."

„Was ist nur mit meinen Augen?" dachte Carlos mühsam und wendete das Gesicht. „Warum kann ich den nicht sehen, der da mit mir spricht?"

„Ich bin es doch, Carlos", sagte die Stimme sanft und fest. „Ich bin gekommen, dass du das Leben in Fülle hast. Du brauchst mich nicht zu sehen; du kennst mich doch. Wir sind uns so oft begegnet; du hast es nur nicht bemerkt. Ruh dich ein wenig aus, damit du die Kraft hast für deine große Reise."

Die große Reise. Wann und wo hatte sie begonnen? Ein weiter, weißer Strand tat sich vor Carlos schweren Augen auf. Feiner Sand rieselte durch seine Finger. Er war glücklich, weil sein Leib voller Sehnsucht mit dem warmen Sand verschmolz. Wer liebt, ist immer glücklich und doch ist er verloren; an die Liebe verloren. Der Urlaub vor drei Jahren hatte ihm diese beiden Erfahrungen geschenkt, Glück und Tod; Lust und Vernichtung. Nach vielen Jahren der Zweifel und der Qualen, des Suchens und Versteckens, der verborgenen Ängste und der offenen Anspielungen hatte er damals zu sich gefunden, damals, als es schon fast zu spät dafür war: Ich bin, der ich bin.

„Ich bin anders, weißt du", versuchte Carlos laut zu sagen; aber er wusste nicht, ob ihn der hören konnte, der seine Hand ruhig und warm festhielt. „Ich sage dir, ich bin anders, aber ich bin zufrieden, seit ich endlich ich sein kann."

„Nur wer sich gefunden hat“, sagte die gute Stimme, „wer sich selbst gefunden hat, kann gerettet werden. Dir ist es gelungen, Carlos.“
Carlos sah wieder den weißen Strand vor sich. Wahrhaftig, er brauchte seine Augen nicht, um zu sehen. Vom weiten Meer her, dessen kurze Wellen mit kleinen weißen Kronen geschmückt waren, stieg federleicht ein sanfter Nebel auf und schwebte auf ihn zu. Wie ein Schleier legte sich die Kühle auf ihn und umgab ihn wie ein barmherziges Leichentuch.
Carlos erschauerte ein wenig und der Fremde zog die Bettdecke höher und hüllte sie rechts und links fester um seinen abgemagerten Körper.
Kalt ist der Tod, wenn die Glut der Liebe erloschen ist. Doch im Tod noch ist Leben. Der Tod hält die Liebe nur gefangen, bis sie wieder aufersteht. Nur deswegen mischt sich der Tod in die Liebe ein, weil er sie befreien will von allen irdischen Mängeln; damit sie ganz neu werden kann.
„Stark wie der Tod ist die Liebe“, sagte der Fremde. „Selbst Wasserfluten können die Liebe nicht löschen.“
„Als ich durch die Liebe endlich dem Leben geboren war“, dachte Carlos durch den kühlen Schleier hindurch, der jetzt seinen fiebrigen Körper ganz erfasst hatte, „als ich endlich geboren war, war mir das Leben bereits vergangen. Da hatte mir das Leben einen Brief geschrieben, auf den ich Jahre gewartet hatte, einen überfälligen Brief. Doch sein Absender war bereits gestorben, als ich den Brief in Händen hielt.“
Angestrengt flüsterte Carlos: „Tausend schöne Augenblicke möchte ich noch erleben wie damals am Meer, als ich mich gefunden habe, als er mich gefunden hat.“
„Ja, ich habe dich gefunden“, sagte der Fremde. „Deine Sehnsucht, deine Leidenschaft, dein Hunger nach Liebe, nach mehr und nach mehr, hat dich zu mir geführt. Weißt

du, Carlos, Gott ist wie der große, ungestillte Schrei nach Liebe."
„Der Schrei nach Liebe", wiederholte Carlos. „Tausend schöne Augenblicke wie die Sterne am Himmel..."
Carlos versuchte sein Gegenüber mit der linken Hand zu ertasten. „Ich weiß gar nicht mehr, wie ich aussehe. Ich glaube, ich würde mich nicht mehr wieder erkennen."
„Aber ich kenne dich", sagte der Fremde und ergriff nun auch seine Linke. „Ich kenne die Meinen und du erkennst jetzt endlich auch mich. Keiner von denen geht verloren, die mir der Vater anvertraut hat."
„Mein Gott", flüsterte Carlos kaum noch vernehmbar. „Ich glaube, du bist... Mein Gott!"
Carlos atmete schwer. Leben und sterben, lieben und sterben, das reimt sich seit Jahrtausenden zusammen. Die Menschen kämpfen einen aussichtslosen Kampf auf Leben und Tod. Wenn sie gewinnen, haben sie schon verloren. Aber ohne Liebe gibt es keinen Tod. Ohne Tod gibt es keinen Weg zu Gott.
Ein schwerer Hustenanfall überfiel Carlos und brachte ihn außer Atem. Mühsam versuchte er, sich aufzurichten. Die Hand des anderen half ihm dabei und stützte seinen Rücken. Doch sein Kopf sank kraftlos auf die Brust. Warum war das alles so schwer? Warum ist die Liebe so schwer? Warum ist der Tod so schwer, wenn er doch nur neues Leben schafft? Die Liebe, ausgeliefert dem Zufall, der Zeit, dem Zerfall. Ein schwerer Traum, oder ist es die Wirklichkeit? Ein Traum aus schwarzen Flecken. Ein Schrei nach Liebe. Ein Hauch des Todes.
Carlos erzitterte zutiefst und schrie auf; der Fremde legte ihn behutsam aufs Bett zurück.
Carlos phantasierte kaum hörbar und seine ausgetrockneten Lippen bewegten sich zitternd: „Ausgeliefert, der Zeit

ausgeliefert. Es war eine schöne, eine kurze, sehr kurze Zeit. Wenige Wochen des Glücks. Friedhofswochen zwischen den Gräbern von Glücklichen und Unglücklichen. Vergangen, verweht, verraucht. Was ist die Zeit für einen, der die Liebe erfahren hat? Das Risiko der Liebe ist stärker als die Angst vor dem Tod. Das Leichentuch..."

Der Fremde streichelte ihn noch immer auf seine sanfte Weise und sagte: „Weil du viel geliebt hast..."

„Was ist das für eine Liebe", hauchte Carlos, „was ist das für eine Liebe, die einen umbringt?"

„Nicht die Liebe, die Einsamkeit bringt uns um", sagte der Fremde. „Die Liebe lässt uns für immer leben."

„Für immer leben und lieben", seufzte Carlos tief und sein Atem stockte einige Herzschläge lang.

Dann richtete er sich aus eigener Kraft auf, öffnete die Augen und sah den Fremden wie einen lang erwarteten Freund mit unsagbar großen Augen an. Dann streckte er die Arme weit aus und sagte mit klarer Stimme: „Ja, du bist es, du bist es!"

Carlos fiel zur Seite. Der Fremde fing ihn auf, legte die ausgemergelte Gestalt in die Mitte des Bettes zurück und flüsterte Carlos ins Ohr: „Dein Weg ist zu Ende. Die Sterne verlöschen. Das Ziel ist erreicht. Neue Ziele wird es geben für dich. Neue Sterne werden strahlen, weil dich die Liebe endlich zurück an den Anfang bringt." Carlos lächelte, und dieses Lächeln blieb ihm noch im Sarg.

Aus unserem Verlagsprogramm

Hermann Multhaupt

Lazarus aus dem Eis

Mr. Holidays kalte Reise
in eine andere Zukunft

Der Wunsch vom „Ewigen Leben" ist so alt wie die Menschheit. Wenn dieser Wunsch auf Erden auch nicht verwirklicht werden kann, so verführt die Hoffnung auf eine Verlängerung des durchschnittlichen Lebensalters manche Menschen zu sonderbaren Initiativen und Anstrengungen. Der Bankier und Devisenhändler Peter F. Holiday ist einer von ihnen. Er ist im Jahr 1975 an den Folgen einer Leberzirrhose verstorben, hat aber zu Lebzeiten testamentarisch verfügt, dass sein Leichnam nicht wie üblich bestattet, sondern „auf Eis" gelegt und zu einem Zeitpunkt, an dem Organverpflanzungen problemlos möglich sind, „reanimiert", wiederbelebt wird. Das Experiment gelingt am 28. Oktober 2312 gegen 17.00 Uhr in der Archangels-Universität in Süd-Dakota.
Holyiday sieht sich veränderten Lebensumständen ausgesetzt. Der sogenannte Fortschritt, der manche Probleme des ausgehenden 20. Jahrhunderts lösen konnte, hat freilich zu neuen Fehlentwicklungen geführt. So hat die fürsorgende Bevormundung durch den Staat die Menschen zu passiven Lebensnutznießern werden lassen. In diesem neuen Weltbild ist für Peter F. Holiday mit seinen „veralteten" Denkschablonen schließlich kein Platz mehr. Der „Staat" beschließt insgeheim, ihn wieder in den Schlafzustand zurückzuversetzen, aus dem ihn das perfekte Operationsteam erlöst hat.
Während seiner Postreanimationsphase im Krankenhaus fällt Peter F. Holiday eine Bibel in die Hände, in der ihn die Szene von der Auferweckung des Lazarus besonders anzieht.
Futuristische und transzendente Überlegungen werden in dieser Science-Fiction-Erzählung von Hermann Multhaupt, die eines Tages durchaus einen realen Lebenshintergrund haben könnte, gleichermaßen angestellt.

Reimund **Maier** Verlag | ISBN 3-926300-20-5 | Broschur | 80 Seiten